Hexenwerk
&
Teufels Beitrag

666 satanische Listen

Gesammelt und zusammengestellt
von
Norbert Golluch

MIX
Papier aus verantwor-
tungsvollen Quellen
FSC® C006701
FSC
www.fsc.org

Eichborn Verlag in der Bastei Lübbe GmbH & Co. KG
Originalausgabe
Copyright: © 2011 by Eichborn AG, Frankfurt am Main,
© 2012 by Bastei Lübbe GmbH & Co. KG
Umschlaggestaltung: Christina Hucke
Gestaltung und Satz: Schneider. Visuelle Kommunikation, Frankfurt am Main
Gesetzt aus der Scribble
Druck und Einband: CPI – Ebner & Spiegel, Ulm
Printed in Germany
ISBN 978-3-8479-0505-9

5 4 3 2 1

Sie finden uns im Internet unter www.eichborn.de
Bitte beachten Sie auch www.luebbe.de

Eichborn Verlag, Kaiserstraße 66, 60329 Frankfurt am Main
Mehr Informationen zu Büchern und Hörbüchern aus dem Eichborn Verlag
finden Sie unter www.eichborn.de

Inhalt

Vorwort:
Das Böse
ist immer und überall!

Wie sagte doch Dr. Faustus in der Tragödie erstem Teil, bevor er den Bund mit dem Satan schloss?

»Habe nun ach! Philosophie, Juristerei und Medizin, und leider auch Theologie! durchaus studiert mit heißem Bemühn. Da steh ich nun, ich armer Tor! und bin so klug als wie zuvor; heiße Magister, heiße Doktor gar, und ziehe schon an die zehen Jahr herauf, herab und quer und krumm meine Schüler an der Nase herum – und sehe, dass wir nichts wissen können!«

Eben. Und deshalb sollten die Leser dieses Buches nicht allzu viel tiefere Erkenntnis von dessen Lektüre erwarten. Als ernsthafte Erweiterung des wissenschaftlichen Diskurses ist dieses Sammelsurium nicht gemeint. Es gibt darin zwar auch Faktenwissen und Affinitäten zu wissenschaftlichen Erkenntnissen, aber vor allem stellt dieses Buch eine Sammlung kurioser Sachverhalte, manchmal auch ein Gemenge von Inhalten dar, die in Jahrhunderten über das Gerücht und das Hörensagen ins kollektive Bewusstsein traten. Vermutlich findet sich auch so viel Falsches darin, dass sich dem Teufel selbst die drei goldenen Haare sträuben.

Apropos Teufel: Warum sollte der am meisten verbreitete Widersacher in der Verlagswelt – der Fehlerteufel – in diesem Buch fehlen? Nein, er hat sich vermutlich auf jeder dritten Seite eingeschlichen und in seiner hemmungslosen Art Bosheiten und Versuchungen gesät. Deshalb wundern Sie sich nicht über ungewöhnliche oder in Ihren Augen falsche Schreibweisen. Mancher Name und mancher Gegenstand der Mythologie wird und wurde in verschiedenen Zeiten und Regionen, wenn auch ähnlich, so doch anders benannt und buchstabiert. Nehmen Sie, liebe Leser und vor allem auch die Kritiker, also bitte nicht alles so teuflisch ernst und genau.

Dieses Buch möchte Sie beim Rückweg in die Finsternis begleiten und Sie gelegentlich auf Abkürzungen hinweisen. Missverstehen Sie es nicht als den Versuch, das Chaos in unserem gemeinsamen Inneren zu ordnen. Es versteht sich ganz und gar nicht als ein Ratgeber und auch nicht als Nachschlagewerk. Es versucht gar nicht erst, die Verwirrung zu alphabetisieren, sondern versteht sich eher als eine Art unterhaltendes, manchmal auch erschreckendes Panoptikum. Im Grunde bestand die Arbeit des Autors vor allem darin, im überbordenden pandämonischen Ozean einige amüsante Insellandschaften zu finden, auf denen der menschliche

Geist einen erholsamen und leicht angegruselten Urlaub verbringen kann.

Deshalb ist dieses Buch auch keineswegs systematisch aufgebaut und beschränkt sich auch nicht auf die im Titel thematisierten Teilgebiete. Götter und Dämonen neben Atombomben, Naturgeister und Teufelsnamen neben C-Waffen … kurz nachdenken … aha, Geistesblitz.

Einem echten Teufel werden Sie in Ihrem Leben vermutlich nie begegnen (vielleicht nachher), einem Vampir auch nicht, bestenfalls einem Goth-Blutsauger mit Bewusstseinsstörungen, der Blut trinkt, obwohl er davon Blähungen bekommt. Aber Hiroshima und Nagasaki sind Tatsachen, Atomkraftwerke explodierten bereits in Serie, und es könnte in jeder Sekunde wieder geschehen.

Deshalb: **Hölle alaaf!**

Auf dem Weg
in neue Finsternis

Die Zeiten der Aufklärung sind vorbei, wir leben in nachwissenschaftlichen Tagen. Hinter unseren geschmacklosen Eigenheimen und riesenhaften Wohlstandsgaragen voller übermotorisierter Prachtkarossen lugen nächtens Geister und Dämonen hervor, unsere sterbenslangweiligen TV-Programme gebären Tod und Teufel in unseren Köpfen, die neben Desinformationen auch den größten Teil ihrer sinnentleerten Inhalte ausmachen. Wir haben den Glauben an den Glauben verloren, weil unsere Bischöfe und Päpste hauptamtlich ihre Macht konsolidieren und die ihnen untergebenen Priester zu einem nicht unbedeutenden Teil lieber pädophilen Ausschweifungen nachgehen als transzendente Inhalte zu vermitteln. Keineswegs unbedeutende Minderheiten der Bevölkerung praktizieren in verzweifelter Ratlosigkeit regelmäßig rätselhafte Rituale oder kaufen Blitzerleuchtungs-Workshops und Fastfood-Esoterik als Wochenendseminar, weil ihnen sonst jede lohnende Perspektive fehlt. Kurz gesagt: Wir haben die Tendenz, das tief in uns verschüttete finstere Mittelalter wieder auszugraben, und sind unterwegs zu neuer Finsternis.

Das höllische System

Ob es nun unter unseren Füßen im Boden brodelt oder ob die Hölle in unvorstellbar fernen Vergangenheit an einem unbekannten, eventuell nach unseren Maßstäben nicht einmal realen Ort eingerichtet worden ist – die Sache hat ihre Ordnung, und bestimmte Darsteller besetzen die entsprechenden Rollen. In der Hauptrolle:

Der Teufel

Teufel, von griech. Diábolos, »Verleumder«, abgeleiteter Begriff für die Personifikation der widergöttlichen Macht.

(Quelle: Dieter Harmening, Wörterbuch des Aberglaubens, Reclam)

Der Teufel geht umher wie ein brüllender Löwe.

(Quelle: 1. Perus 5,8)

Der Teufel (von griechisch Διάβολος Diábolos, wörtlich »der Durcheinanderwerfer« im Sinne von »Verwirrer, Faktenverdreher, Verleumder«; lateinisch diabolus) wird in verschiedenen Religionen als eigenständiges Geistwesen angesehen. Er spielt in der christlichen und der islamischen Theologie eine besondere Rolle als Personifizierung des Bösen.

(Quelle: Wikipedia)

Ihr habt den Teufel zum Vater und ihr wollt das tun, wonach es euren Vater verlangt. Er war ein Mörder von Anfang an. Und er steht nicht in der Wahrheit; denn es ist keine Wahrheit in ihm. Wenn er lügt, sagt er das, was aus ihm selbst kommt; denn er ist ein Lügner und ist der Vater der Lüge.

(Quelle: Joh.8,44)

Die ursprünglichen Väter des Teufels

Die Vorstellungen über die folgenden mythologischen Figuren und ihnen zugeschriebenen Eigenschaften flossen in die heute existierenden Ansichten über die Gestalt des Teufels ein, der so, wie wir ihn uns vorstellen, nur über ein paar tausend Jahre Geschichte verfügt:

Satan	Altes Testament
Ahriman	gottesfeindliche Figur im Parsismus, der Religion des Zarathustra
Pan	bocksbeiniger und sehr hässlicher Hirtengott im alten Griechenland; löste im Kampf der Athener gegen die Perser beim Feind *panische* Angst aus – *Panik* eben – und verhalf den Athenern zum Sieg.
die Satyrn	Dämonen in der griechischen Religion
Loki	schöner, aber böser germanischer Gott, *»Loki ist schmuck und schön von Gestalt, aber bös von Gemüt und sehr unbeständig. Er übertrifft alle andern in Schlauheit und in jeder Art von Betrug.«* (Gylfaginning, 33)

Der Teufel selbst

Sein Name stammt vom griechischen *Diábolos*, was wörtlich übersetzt etwa *der Durcheinanderwerfer, der Verwirrer, Täuscher* und *Verleumder* bedeutet. Im Christentum und im Islam stellt er das personifizierte Böse dar – er ist *der Geist, der stets verneint* –, wie er sich selbst in Goethes »Faust« beschreibt. Nicht nur bedeutende Kirchenlehrer, Päpste, auch Reformatoren der Vergangenheit hielten ihn für real existent. Noch heute ist der Teufelsglaube in Osteuropa sehr verbreitet, und der Vatikan beschäftigt nach wie vor Priester mit einer Spezialausbildung als Teufelsaustreiber.

Kennzeichen des Teufels

Hahnenfeder, rot, am Hut getragen
rotes Wams
Pferdefuß
Bocksohr, Pferdeohren
drei goldene Haare
Schwanz
Hörner
Schwefelgestank
haariger Unterkörper

Die vier Kronprinzen der Hölle

Satan — (hebräisch)
>> der Widersacher
>> Herr des Feuers, das Inferno
>> der Süden

Luzifer — (römisch)
>> der Lichtbringer
>> die Luft, der Morgenstern
>> der Osten

Belial — (hebräisch)
>> der ohne Gebieter
>> Niedertracht der Erde
>> der Norden

Leviathan — (hebräisch)
>> die Schlange aus den Tiefen
>> das Wasser, das Meer
>> der Westen

Die Namen des Teufels

Der Chef der Hölle, Oberteufel des Christentums, wird mit unterschiedlichen Namen benannt. Gemeint ist immer das Prinzip des Bösen, unterschiedlich personalisiert.

Die vier bekanntesten und am häufigsten verwendeten:

Luzifer – »der Lichtträger«; dargestellt als der gefallene Engel

Satan – im Persischen der Ankläger am Gerichtshof Gottes, der Versucher in göttlichem Dienst, der die Menschen prüft und gegebenenfalls wegen ihrer Sünden anklagt. Im Christentum eher eine Verkörperung des Bösen.

Beelzebub – der Herr der Fliegen verdankt seinen Namen wahrscheinlich einer Verballhornung: *Baal Zebul – erhabener Fürst –* nannte sich ein Herrscher im Reich der Philister (heute Israel) und *Baal Zebub –* übersetzt *Herr der Fliegen –* war sein Spottname.

Mephisto oder **Mephistopheles** – diesen Namen für den Teufel verwendet Johann Wolfgang von Goethe in seinen Werken über Doktor Faust und seine Verbindung zum Bösen. Der Name könnte a) eine Zusammensetzung der hebräischen Worte *mephir –* Zerstörer, Verderber – und *tophel –* Lügner – sein. Eine andere Deutung bringt den Namen mit griechisch *me –* nicht – und *phosto –* Licht, Faust – in Verbindung und könnte als *der das Licht / den Faust nicht liebt* gedeutet werden. Letztlich könnte auch lateinisch *mephitis* – schädliche Ausdünstung der Erde – und griechisch *phílos* – Liebe – verborgen sein – dann wäre Goethes böser Geist *der, der den Gestank liebt.* Übrigens: Wie lange sich üble Gerüche halten können, zeigt die überraschende Ähnlichkeit zwischen dem römischen *mephitis* und dem alltäglichen Wort *Mief* auf.

Einige weitere Namen für teuflische Persönlichkeiten:

Abbadon – (hebräisch) Zerstörer, auch Herr des Abgrunds; der Herrscher der Hölle in der Apokalypse des Johannes

Ah Puch – auch *Hun Hau*, *Hun ahau* oder *Yum Cimil* genannt, der Herrscher der Unterwelt und Gott des Todes in der Mythologie der Maya.

Ahriman, Ahryman – die aus Persien stammende Bezeichnung für den *argen Geist*

Astarot – ein Fürst der Hölle. Sein Name stammt von der phönizischen Liebes- und Fruchtbarkeitsgöttin Astarte ab, wurde aber in eine männliche Form überführt, weil eine Frau in der Hierarchie der Teufel keinen hohen Rang einnehmen durfte.

Azazel – (hebräisch) Fürst der Teufel, führt auch den Namen *Samiel* oder *Sammael*; dieser Dämon soll die Menschen gelehrt haben, Metall zu bearbeiten und Kriegsgerät herzustellen sowie Schminke einzusetzen (!); der *Sündenbock* beim jüdischen *Sühnefest;* ihm werden die Sünden des Volkes Israel aufgeladen, dann wird er in die Wüste geschickt.

Baalberith – ursprünglich Gottheit in Kanaan; wurde später zum Teufel und gilt als Herr der *höllischen Allianz.* Er gebietet über Legionen dämonischer Geister. Gilt auch als der Generalsekretär der Hölle und als Hüter der höllischen Archive.

Baphomet – führender Kopf im Orden der Templer; vom Papst als Teufel bezeichnet. Allgemeines Synonym für das Böse.

Beherit – Metal Band und syrischer Name für den Satan

Demogorgon – griechischer Name des Teufels, den Sterbliche nicht kennen sollten; Verkleinerungsform *Gorgo*

Dracula – der Teufel in Rumänien

Emm-O – der Herrscher der Hölle in Japan

Iblis – ein *Schaitan* in der Vorstellungswelt des Islam

Lilith (hebräisch) – ein weiblicher Teufel, noch vor Eva Adams erste Frau, welche ihm die Augen öffnete

Loki – der Teufel der Teutonen

Mammon – Dämon, Teufel und der aramäische Gott des Wohlstandes und Profits

Mani – die etruskische Göttin der Hölle

Mantus – der etruskische Gott der Hölle

Melek Taus – ein Engel der kurdischen Bevölkerungsgruppe der Jesiden; wird irrtümlich für einen Teufel gehalten

Milcom – der Teufel der Ammoniter, eine Volksgruppe, die nordöstlich des Toten Meeres lebte

Moloch – Name eines Opferritus in Phönizien und Kanaan; später zu einem Teufelsnamen umgedeutet

Naamah (hebräisch) – weiblicher Teufel der Verführung, der Unzucht und Hurerei

Orobas – Großfürst der Hölle in der jüdischen Mythologie; wird als Pferdemensch dargestellt

Sammael (hebräisch) – *das Gift Gottes,* Todesengel

Set – ägyptischer Gott des Chaos und des Verderbens, als ägyptischer Teufel betrachtet, häufig als Tier dargestellt

Tezcatlipoca – der aztekische Gott unter anderem der Nacht

Typhon – Gestalt der griechischen Mythologie, als grässliches Ungeheuer oder als Riese mit hundert Drachen- oder Schlangenköpfen dargestellt.

Die chinesische Unterwelt Feng-Du

Sie ist nicht wie die christliche Hölle irgendwo im Boden unter unseren Füßen beheimatet, sondern in einem riesigen Berg untergebracht und unterscheidet sich auch dadurch, dass sie nicht dem ewig-lebenslänglichen Daueraufenthalt dient, sondern eine Art Resozialisierungszentrum mittels martialischer Strafen ist. Feng-Du könnte man als so etwas wie einen finsteren Gefängniskomplex mit verschiedenen Einrichtungen der Gerichtsbarkeit und Folter, aber mit paradiesischer Perspektive bezeichnen.

Das Angebot an läuternden Strafen ist beachtlich, für jeden der zehn Gerichtshöfe ist eine Art Höllenkönig zuständig:

Qin-Guang-Wang ist so etwas wie der Haftrichter der Hölle und entscheidet, ob jemand wegen seiner Sünden dort bleibt oder direkt ins Paradies geschickt wird.

Qu-Jiang-Wang herrscht in der Hölle des Eises und der Schwerter. Bestimmte Sünder müssen auch in einer stinkenden Brühe ertrinken.

Song-Di-Wang regiert in der Hölle der schwarzen Seile, in der die Gefangenen kopfüber aufgehängt und darüber hinaus auf vielfältige Weise bestraft werden.

Wu-Guang-Wang regelt unter anderem die Folter mit Hilfe von Bienen am See des Blutes.

Yen-Lo-Wang regiert in der Hölle des Wehklagens und des kochenden Öls; er ist zugleich Herrscher über alle Bereiche des Feng-Du.

Bian-Cheng-Wang herrscht in einer Hölle voller nagender Ratten und Eisenspitzen, wo unter anderem Lügen, Tratsch und sexuelle Missetaten bestraft werden.

Tai-Shang-Wang bestraft gewisse Sünder mit der Hackfleisch-Methode.

Du-Shi-Wangs Werkzeuge der Läuterung sind ein heißer Wok und der Turm des Heimwehs.

Ping-Deng-Wang prüft die Sünder mit einem Netz aus Stahl, und wer eine der zehn unverzeihlichen Sünden begangen hat, muss bleiben.

Zhuang-Lun-Wang regiert über das Rad der Wiedergeburt. Wer die zehn Stufen der chinesischen Hölle durchlaufen und das Paradies noch nicht verdient hat, bekommt in einem neuen Leben eine Chance, es besser zu machen. Allerdings erst nachdem ihm **Meng-Po**, die Göttin der Amnesie, den Tee des Vergessens verabreicht hat, damit er sich weder an sein früheres Leben noch an die Ereignisse in der chinesischen Hölle erinnern kann.

(Quelle: www.godchecker.com/pantheon/chinese-mythology.php)

Wer seinen Namen nennt ...

... ruft ihn möglicherweise herbei. Deshalb haben Menschen schon immer versucht, diesen Fehler zu vermeiden. So viele Namen das Böse an sich auch hat – keiner von ihnen sollte ausgesprochen werden. Was Wunder, dass es eine Fülle von verschleiernden Benennungen und Umschreibungen für den Teufel gibt, die in den unterschiedlichen Lebenswelten genutzt werden, vom Alltag bis zur Literatur, darunter einige, die auch etwas über die Befähigungen sagen, welche dem Herrn der Finsternis zugeschrieben werden.

Antichrist

das feuerspeiende Höllentier

der (gefallene) Morgenstern

der Daus (»Ei, der Daus!«)

der Dreizehnte

der Dunkelfürst

der Entzweier

der Fürst dieser Welt (Martin Luther)

der gehörnte König

der Gottseibeiuns (volkstümlich)

der große Drache

der Großnickel

der Herr der Finsternis

der Herr der Fliegen (Gleichsetzung mit dem Dämon
Beelzebub)

der Höllenfürst

der Höllenreiter

der Höllenritter

der Kehrwisch

der Leibhaftige

der Lügenknecht (Zarathustra)

der Pferdefuß

der Sohn der Verdammnis

der Überzählige

der Verführer

der Verleumder

der Widersacher

der Zwietrachtsäer

die dunkle Macht

die Schlange
Hellehirt
Hellewart
Hellewirt
Herr Urian
Höllenwart
Junker Hinkefuß
Kuckuck
Legion (nach einem Dämon im Neuen Testament,
    auch Dämon von Gadara genannt)
Milleartifex (der Tausendkünstler)
Negagandolus (der schwarze Drache)
Old Nick (englischer Spitzname für den Teufel)
Samael (gefallener Engel, auch der Todesengel)
Sparifankerl
Teixel
Voland (der Name des Teufels im mittelalterlichen
    Nordfrankreich)

Die gefallenen Engel

Wer glaubt, nur der Hinduismus mit seinen Millionen von
Göttern sei eine Religion der großen Zahlen, weiß nicht, wie
viele Opfer der große Kehraus im Königreich Gottes hatte, sozusagen die himmlische Kulturrevolution. Es sollen immerhin
mehrere Hunderttausend gewesen sein, die hinabstürzend Job
und Wohnstatt verloren. Hier die Liste der Dissidenten:

Abbadon	Barbatos	Kokabeel	Samsaweel
Abraxas	Barbiel	Leviathan	Sariel
Adramelec	Batarjal	Lilith	Satan(ael)
Agares	Beelzebub	Luzifer	Selaiah
Amiziras	Belial/Beliar	Mammon	Semyaza
Amy	Busasejal	Marbas	Senciner
Arakiba	Byleth	Marchosias	Shamshiel
Arakiel	Caim	Marut	Simapesiel
Amiziras	Carnivean	Mephisto-	Sonneillon
Ariel	Carreau	pheles	Tabaet
Arioch	Dagon	Meresin	Thammuz
Armaros	Danjal	Moloc(h)	Tumael
Armen	Ezekeel	Mulciber	Turael
Asbeel	Flauros	Murmur	Turel
Asmoday	Gaapates	Nelchael	Urakaabara-
Asmodeus	Gadreel	Nilaihah	meel
Astaroth	Gressil	Nisroch	Usiel
Astoreth	Hakael	Oeillet	Verrier
Atarculph	Hananel	Ouzza	Vual
Auza	Harut	Paimon	Yeterel
Avnas	Iblis	Penemue	Yomyael
Azaradel	Ielahiah	Procell	Zagan
Azazel	Inuvart	Pursan	Zakiel
Azza/Azzael	Jeqon	Rimmon	Zavebe
Balam	Jetrel	Rosier	
Balberith	Kasdeja	Rumael	
Baraqel	Kawkabel/	Sammael	

Die Zeichen des Teufels

Was sagt dem empfindsamen Zeitgenossen, dass Schwarze Magie im Spiele ist?

→ das umgedrehte Kreuz
→ das Pentagramm mit zwei Spitzen oben
→ die Teufelsfinger
→ die Zahl 666

Der Teufel — international

Er versteht jede Sprache und er hört auf viele Namen – dessen sind sich diejenigen sicher, die an ihn glauben. Irritierend und für manchen Agnostiker verunsichernd zugleich ist die Existenz einer solchen Gestalt des personifizierte Bösen in nahezu allen Vorstellungswelten der Menschen unseres Planeten. Das beweist allerdings weniger seine Existenz, als die Ähnlichkeit der Denkstrukturen weltweit.

Name	Sprache
Duiwei	Afrikaans
Djali	Albanisch
Schaitan	Arabisch
Sādān, Mèi	Chinesisch
Devil	Dänisch
Teufel	Deutsch
Devil	Englisch
Kurat	Estnisch

Name	Sprache
Paholainen	Finnisch
Diable	Französisch
Diaño	Galizisch
Demogorgon	Griechisch
Satan	Hebräisch
Setan	Indonesisch
Devil	Irisch
Devil	Isländisch
Diavolo	Italienisch
Mamono	Japanisch
Diable	Katalanisch
Vrag	Kroatisch
Velns	Lettisch
Velnias	Litauisch
Setan	Malayisch
Devil	Maltesisch
Duivel	Niederländisch
Djevel	Norwegisch
Diabel	Polnisch
Diabo	Portugiesisch
Diavol	Rumänisch
сатана	Russisch
Järil	Schwedisch
Diabol	Slowakisch

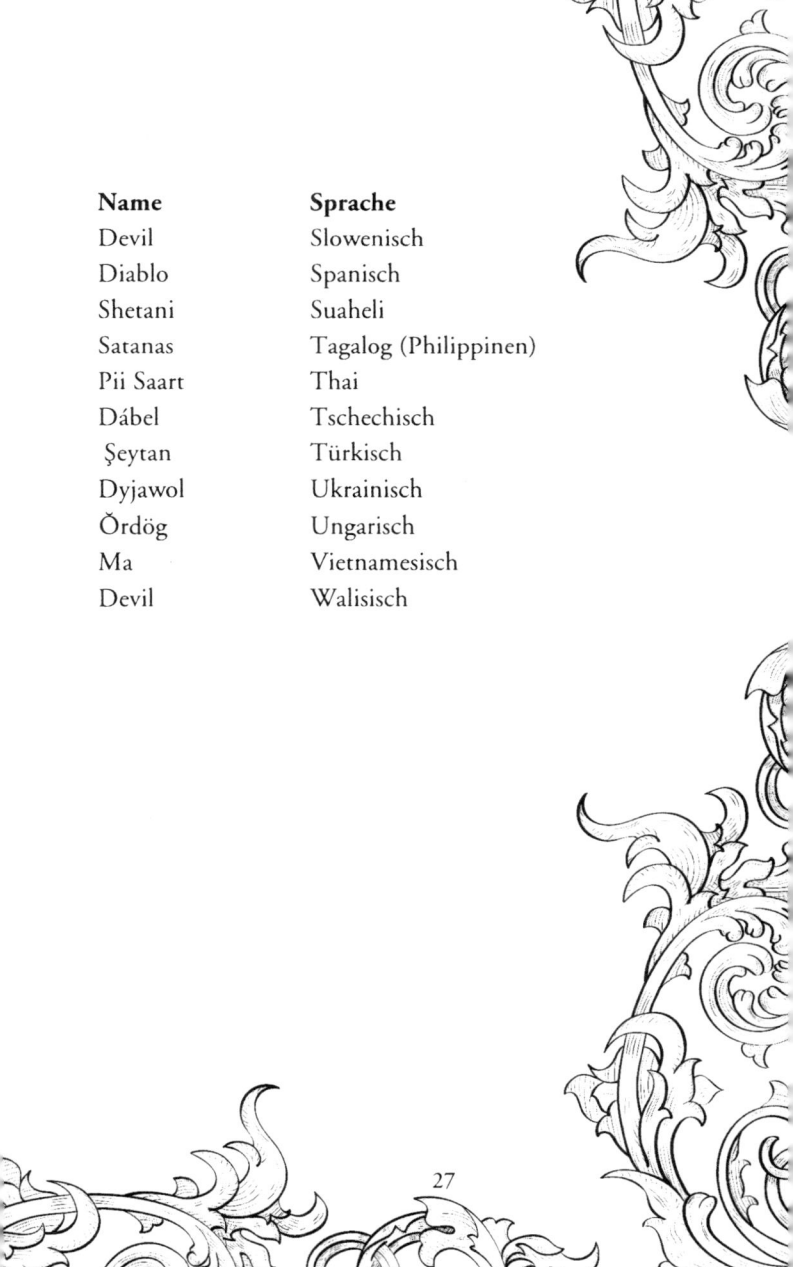

Name	Sprache
Devil	Slowenisch
Diablo	Spanisch
Shetani	Suaheli
Satanas	Tagalog (Philippinen)
Pii Saart	Thai
Dábel	Tschechisch
Şeytan	Türkisch
Dyjawol	Ukrainisch
Ördög	Ungarisch
Ma	Vietnamesisch
Devil	Walisisch

Grundlagen
erweiterter Finsternis

Sie entspringen nicht unbedingt ein und derselben Hölle, arbeiten aber zum Teil Hand in Hand mit den Armeen des Bösen, wie sie bereits zuvor aufgezählt wurden.

Weitere Mitspieler — Standards und Typen

Bezeichnenderweise haben wir sie aus ferner Vergangenheit übernommen, denn ohne dieses Personal funktioniert sie nicht, die finstere Welt des Bösen, der aufblühende und bereits reichlich aufgeblähte Apparat von Magie und Mythen im 21. Jahrhundert, nicht zuletzt in den Medien. Sie geistern durch unsere Träume und Visionen, gehören zum Set jedes Horror- oder Fantasyfilms und hauchen mancher kränkelnden Fantasie Leben ein.

Der Dämon

Dämonen haben einen luftartigen Leib, sind deshalb in der Lage, in fremde Körper einzudringen, fliegen mit sehr großer Geschwindigkeit, haben Sinnesempfindungen, Affekte und Leidenschaften, besitzen eine hohe Intelligenz und sind aufgrund ihres hohen Alters sehr erfahren, kunstfertig und geschickt; sie bewirken vielfältige Illusionen (...), Krankheiten, Unwetter (...) Sie können angerufen und gezwungen werden (...)

(Quelle: Dieter Harmening, Wörterbuch des Aberglaubens, Reclam Stuttgart, 2005)

Das Gespenst

Eine nicht körperliche, dem Aberglauben nach mit übernatürlichen Fähigkeiten ausgestattete Kreatur menschlicher Wesensart und Form, meist nebelhaft durchsichtig, häufig in weiße Gewänder gekleidet (Bettlaken). Gespenster spuken, d.h. sie verunsichern die Lebenden durch ungewöhnliches Verhalten oder merkwürdige Geräusche. Einige tendieren zu berechenbarem Erscheinen als Reaktion auf ein Ereignis (zum Beispiel Verletzung ihres Wirkungskreises) oder zu regelmäßigen Auftritten zu einer festen Geisterstunde (meist um Mitternacht). Gespenster sind oft ortsgebunden.

Der Geist

Eine feinstoffliche Wesenheit, meist ohne körperliche Präsenz; tritt zum Beispiel als *Totengeist* (Gespenst), *Naturgeist* oder *Heiliger Geist* auf. Naturgeister stehen mit einem Ort in der

Natur, einem Baum, einem Fluss oder einem Stein in Verbindung. *Haus- und Herdgeister* leben in Gebäuden.

Der Untote

Er befindet sich zwischen Leben und Tod, existiert aber noch und vor allem körperlich, auch wenn sein Leib schwere Erscheinungen von Verletzung oder Verfall zeigt. Im Gegensatz zu Geistern, die ihre körperliche Existenz eingebüßt haben, fehlt hier dem (noch) lebenden Körper häufig die zugehörige geistige Existenz. Mit dem Sammelbegriff Untoter werden verschiedene Arten dieser merkwürdigen Geschöpfe bezeichnet. Sowohl Blut saugende Vampire als auch Wiedergänger und die Zombies der karibischen Mythologie sind Untote. Von Untoten gehen im Gegensatz zu Geistern auch körperliche Gefahren aus. Sie würgen und erschlagen ihre Opfer, quälen sie mit ihrem Gewicht, indem sie sich tragen lassen, oder verbreiten Krankheiten. Eine besondere Form, der so genannte Nachzehrer, saugt von seinem Grabe aus die Lebenskraft der lebendigen Menschen und schwächt oder tötet sie auf diese Weise.

Der Vampir

Beim Vampir handelt es sich um einen Untoten, der des Nachts aus dem Grabe steigt, um seinen Bedarf an flüssiger Nahrung zu decken. Er bevorzugt dabei als einzige geeignete Verpflegung das Blut eines Lebenden, ganz wie sein Vorbild aus der Tierwelt, eine südamerikanische Fledermaus, die in

Nord-, Mittel- und Südamerika vorkommt. Nur sogenannte »vegetarische Vampire« in Fernsehserien trinken schnödes Tierblut als Ersatz, sind aber im Grunde völlig versessen auf den echten Stoff und verzehren sich vor Sehnsucht danach. Vampirismus und die Sucht nach Vampirserien sind übrigens hochgradig ansteckend. Der oder die Gebissene wird ebenfalls zum Vampir bzw. zum Dauerkonsumenten.

Der Werwolf

Ein Werwolf (von germanisch wer: »Mann«; vgl. auch lat. vir) wird althochdeutsch auch Mannwolf genannt. Als ein Mensch, der sich nachts – meist bei Vollmond – in einen Wolf verwandeln kann, sind Lykanthropen (so der Fachbegriff für Werwölfe) in Mythologie, Sage und Dichtung ein beliebtes Motiv. Neben dem weltweit verbreiteten Werwolf kommen auch andere Wertiere vor, ein Phänomen, das man Therianthropie nennt. In Afrika sowie in Nord- und Südamerika sind derartige Vorstellungen sehr verbreitet.

Der Gestaltwandler

Ein übernatürliches Wesen, mit der Fähigkeit begabt, seine Gestalt relativ frei zu wählen; manche Gestaltwandler übernehmen die Herrschaft über ihre Opfer und töten sie dadurch häufig; andere sind auf bestimmte Wesen und Rollen festgelegt.

Die Mumie

Einbalsamierter und in Tücher gewickelter Leichnam, der wider Erwarten zum Leben erwacht, zum Beispiel durch Grabschändung oder als Teil eines Fluchs; Mumien eignen sich als Darsteller in Horrorfilmen mit ägyptischem Ambiente.

Der Ork

Von J. R. V. Tolkien in seinen Büchern vielfach verwendete hässliche und primitive Gestalten mit meist bösen Absichten; Beschreibung: krummbeinig, relativ klein, unförmige bis klobige Körper, extrem hässliches Gesicht, Hautfarbe grün, braun oder schwarz, primitiv bis roh; im Laufe der Zeit wurden Orks von anderen Autoren (Bücher, Spielfilme, Computerspiele) als immer brutalere und gewalttätigere, sehr kriegerische Wesen dargestellt.

Der Poltergeist

Körperlose Geister, die in verschiedenen Variationen Klopfgeräusche, sich selbsttätig bewegende oder sogar fliegende Gegenstände und weitere Phänomene verursachen, für die es keine natürliche Erklärung gibt; Poltergeister können boshaft oder wohlwollend sein, aber auch eine mahnende Aufgabe übernehmen.

Der künstliche Mensch

Durch Wissenschaft (missglückter Versuch), Zauberei oder Magie erschaffene Wesen monströsen Aussehens, die als boshaft und/oder missverstanden (die zarte Seele im abschreckenden Körper) dargestellt werden.

Der künstlich modifizierte Mensch

Der Einfluss physikalischer oder chemischer Prozesse, die mit Absicht oder auch durch Zufall oder Unglück auf einen natürlichen Menschen einwirken, verändert sein Wesen und/oder verleiht ihm übernatürliche Eigenschaften. Auch technische Modifikationen wie prothesenartige Implantate oder künstliche Gliedmaßen können einen Menschen zum Cyborg und damit oft gleich zum Superhelden oder Monster machen.

Das Fachpersonal

Die hier aufgezählten Personen sind Experten im Umgang mit Magie und magischen Wesen. Sie beherrschen die in ihrer Gruppe gefragten Rituale und genießen zum Teil hohes Ansehen – oder sie verstehen, ihre Feinde und Gegner durch Drohungen in Angst und Schrecken zu versetzen.

Hexe/Hexer – Oft kräuterkundige, vom Volksglauben mit Zauberkräften ausgestattete Heiler und Naturzauberer vergangener Tage, denen von interessierter Seite unterstellt wurde, häufiger Unheil als Heil zu bringen, in finster-numinosen Religionen mit Dämonen oder dem Teufel im Bunde zu stehen. Wegen der unterstellten boshaften Ausrichtung der Zaubermacht werden sie auch als »Malefikanten« (Übeltäter) bezeichnet.

Zauberer/Zauberin – Auch als Magier/Magierin bezeichnete, in vielen Kulturen vorkommende Personengruppe mit magischem und geheimem Wissen, dass nicht jedermann zugänglich ist. Man könnte sie auch als die mittelalterlichen Intellektuellen und Wissenschaftler bezeichnen. Zauberer setzen weiße (gute) oder schwarze (böse) Magie ein, um ihre Ziele zu erreichen. Auch graue Magie und andere Farbvarianten (s. S. 87) sind bekannt.

Druide/Druidin – Ursprünglich Bezeichnung für die geistige Elite der Kelten; häufig mit priesterlichen oder sakralen Aufgaben befasst; in neuerer Zeit in der Fantasy-Literatur und in Comics (Asterix) vielfach als eine Art Naturzauberer dargestellt.

Schamane/Schamanin – Bei unterschiedlichen Völkern mit Naturreligionen Mitglied der geistigen Elite und Führungspersönlichkeiten, auch Heiler; übernahmen zum Teil ähnliche Funktionen wie die Druiden bei den Kelten. Besonderes Kennzeichen: Sie sind häufig mit der Manipulation von Bewusstseinszuständen durch psychoaktive, ekstatische Zustände erzeugende Wirkstoffe befasst; Schamanen wird die Fähigkeit zum Gestaltwandel (Mensch-Tier) zugeschrieben.

Priester/Priesterin – Die Druiden und Zauberer der christlichen Religion und anderer Primitivkulte, die sich selbst für zivilisatorisch hochstehend halten; die Priester und Heiler der anderen hingegen werden abschätzig als Wunderdoktoren, Zauberer, schwarze Magier oder besser noch als Hexer bezeichnet.

Magische Gegenstände

Es gibt eine ganze Reihe von alltäglichen und besonderen Gegenständen, die in Mythos, Legende und Sage immer wieder eine Rolle spielen, weil sie durch ihre Eigenschaften bestimmte mythologische Vorstellungen versinnbildlichen, sei es auf Seiten des Guten oder des Bösen.

Ring – Er stellt als Symbol das in sich geschlossene Universum, den Kreislauf des Lebens dar. Des Weiteren kennzeichnet er den Stand einer Person, zum Beispiel als Ehering, Siegelring oder als Ring des Papstes, wird in der Sagenwelt als Giftring zur perfiden Waffe oder kennzeichnet Personen als Mitglied von Subkulturen. Ringe mit Zauberkraft verändern in der Fantasy-Literatur persönliche Lebenswege und das Schicksal ganzer Völker und Verlagskonzerne.

Stab – Er kennzeichnet als mannshoher Stab Führerschaft und wirkt Wunder, verwandelt Wasser in Blut oder andere Stäbe in Schlangen, ist als Zauberstab Werkzeug von Feen, Magiern und Zauberern und macht deren Zaubersprüche wirkungsvoll. In Form und Ausprägung variiert der Stab von kleinen, handlichen Größen mit dekorativen Details (Edelsteine, leuchtende Spitze und ähnlich) bis hin zu mannshohen, knorrigen Ästen, sogar kleinen Bäumen (Rübezahl). In der Regel sind besonders Zauberstäbe personalisiert, d.h. sie können nur von einer bestimmten Person angewandt werden und sind häufig auch Sitz der heilenden oder zerstörerischen Zauberkraft der betreffenden Person. Stäbe mit magischen Eigenschaften kommen in der Neuzeit als Bischofsstab, Kreuzstab des Papstes (sog. Ferula), Joystick am Computer, Massagestab (sog. Vibrator) und doppelte Sonderform des Wanderstabes (Nordic Walking) vor.

Krone – Als Insignie der Macht ist die Krone (lateinisch *corona* – der Kranz) eine meist wertvolle, aus edlen Materialien gefertigte Kopfbedeckung der Herrscher im christlichen Abendland. Als Ausdruck ihrer Macht und Würde berechtigt sie ihren Träger zur Herrschaft über ein bestimmtes Volk oder ein umgrenztes Gebiet. Ihre höchste Ausprägung findet die Krone als Königs- oder Kaiserkrone. Entwickelt hat sich die ringförmig geschlossene Krone aus Stirnreif oder Diadem.

Stein – Archaisches Symbol für gewaltige, dem Menschen überlegene Mächte, meist als Zeichen an einem Ort, an dem sich magische Kräfte bündeln. Mit Bedeutung aufgeladene Steine können als künstliches Bauwerk errichtet (zum Beispiel Hünengräber oder Steinheiligtümer wie Stonehenge) oder auf natürliche Weise konfiguriert und dann mit einer mystischen Bedeutung beladen sein wie die Externsteine im Teutoburger Wald, der Goldene Fels, ein vergoldetes buddhistisches Heiligtum in Birma oder der Ayers Rock, der als Uluru in den Traumzeitgeschichten der Aborigines eine große Rolle spielt. Eine besondere Form stellt der Edelstein dar, der als Konzentrationspunkt mächtiger Energien seinem Besitzer Macht und übernatürliche Kräfte verleihen soll.

Schale – Ein alltäglicher Gebrauchsgegenstand wird mythologisch überhöht und so zu einem des Zaubers mächtigem Gefäß. Nicht nur der Heilige Gral, meist als Kelch oder Schale dargestellt, auch andere ähnliche Gefäße sind in Legende und Fantasy-Literatur unentbehrliches Requisit.

Mit der Hölle verbunden

Religion ist das Werk Gottes, das durch den Teufel seine Perfektion erhielt, stellte Peter Ustinov hellsichtig fest. Anders gesagt: Ohne den Gegenpol des Bösen funktioniert das Konzept Sünde nicht.

Die Todsünden

Nein, hier sind nicht die besonderen Qualifikationen von Aufsichtsratsmitgliedern eines Großkonzerns aufgelistet. Es handelt sich vielmehr um die Liste der Todsünden nach klassisch-katholischer Weltsicht:

Superbia – Stolz
Avaritia – Geiz
Invidia – Neid
Ira – Zorn
Luxuria – Wollust
Gula – Unmäßigkeit, Maßlosigkeit, Selbstsucht
Acedia – Faulheit

Mildernde Umstände bekommt der Sünder, wenn zwar augenscheinlich eine Todsünde begangen wurde, aber folgende Bedingungen zutreffen:

→ Es geht um keine Angelegenheit von Bedeutung (zum Beispiel um einen Atomunfall).

→ Der Täter war sich der Boshaftigkeit seiner Tat nicht bewusst (zum Beispiel ein Minister beim Verfassen seiner Doktorarbeit).

→ Die Tat geschah nicht aus eigenem Willen, sondern unter Zwang, wobei bereits geringe Manipulationen des freien Willens genügen können (z.B. wenn die Messdiener mal wieder absolut erotisch aussehen).

Geschieht allerdings eine Todsünde in vollem Bewusstsein, so wird sie mit der Höllenstrafe geahndet, nämlich mit dem Ausschluss von der Gemeinschaft mit Gott.

Den sieben Todsünden sind Dämonen zugeordnet:

Wesen	Typ	zuständig für
Luzifer	Teufel, gefallener Engel	Stolz
Mammon	Dämon, Götze	Geiz
Leviathan	Ungeheuer, maritim	Neid
Satan	Teufel	Zorn
Asmodäus	Dämon	Wollust
Beelzebub	Dämon, Teufel	Völlerei
Belphegor	Dämon	Faulheit

Die neuen Todsünden

Der 70-jährige Bischof Gianfranco Girotti, Chef der Apostolischen Pönitentiarie (Gericht), zählte im März 2008 in der Vatikanzeitung »Osservatore Romano« folgende neue Todsünden auf, die er als Folgen der Globalisierung bezeichnet:

1. Handel und Konsum von Drogen
2. Missbrauch von Kindern und Jugendlichen
3. Umweltverschmutzung
4. Abtreibung, weil sie die »Würde und Rechte der Frauen verletzt«
5. Genmanipulation
6. Profitgier, die andere Menschen in die Armut treibt
7. exzessiver Reichtum

Teuflische Spuren

Gläubige finden nicht nur die Spuren göttlichen Wirkens auf dieser Erde, sei es durch Wunder oder das Eingreifen von Engeln, sie finden auch die konkreten Abdrücke des Pferdefußes in von Menschen geschaffenen Gegenständen, Zusammenhängen oder Äußerungen.

Teufelsbücher und die Folgen

Dass es sehr schlimme Folgen nach sich ziehen kann, wenn Unwissende in den Besitz eines einschlägigen Teufelsbuches kommen und naiv wie sie sind darin lesen, zeigt ein Fall im Mühltal oberhalb des 1000-Einwohner-Ortes Patsch in Tirol. Dort las man wohl in einem Teufelsbuch – mit dem Erfolg, dass sich eine ganze Schar von Teufeln aus der Unterwelt auf den Weg machte und über die Kellertreppe nach oben stieg. Von den Geräuschen alarmiert, versuchten die leichtsinnigen Leser das Buch im Ofen zu verbrennen, was jedoch nicht gelingen wollte, weil das Buch sich der finalen Oxidation widersetzte und aus der Ofentüre sprang … und das auch noch ein zweites und drittes Mal, bis es dann endlich doch noch ein

Raub der Flammen wurde und die Besucher aus der Hölle sich auf den Rückweg machten.

(Quelle: Teufelsbücher, Dörler, Tiroler Teufelsglaube, ZfVk. 9, 1899)

Der Codex Gigas

Der Codex Gigas bekam seinen Namen wegen seiner Größe: Es handelt sich um eines der größten Manuskripte der Menschheitsgeschichte (griechisch *giga* = riesig). Der Legende nach wurde er von einem wegen seiner Vergehen gegen die Klosterordnung dem Tode geweihten Mönch – er sollte lebendig eingemauert werden – in einer einzigen Nacht verfasst. Um der furchtbaren Strafe zu entrinnen, hatte der Mensch nämlich dem Abt des Klosters den verzweifelten Vorschlag unterbreitet, in dieser Nacht das Alte und Neue Testament sowie das gesamte Wissen der Menschheit in einem Buch niederzuschreiben. Da er dies selbstredend nicht leisten konnte, rief er um Mitternacht den Teufel um Hilfe an, verschrieb ihm seine Seele, woraufhin der Herr der Unterwelt das gewaltige Buch für seinen neuen Gefolgsmann fertig stellte. Befördert wurde die Richtigkeit dieser Legende durch eine besonders eindrückliche Darstellung des Teufels im Codex Gigas. Deshalb ist das Manuskript auch unter der Bezeichnung Teufelsbibel bekannt.

Vermutlich ist der Codex Gigas das Lebenswerk eines Benediktinermönchs, der im 13. Jahrhundert im Kloster von Podlažice/Böhmen Jahrzehnte damit verbracht haben muss, das Buch niederzuschreiben. Belegt ist dies durch die durchgängig gleiche Handschrift. Einen Hinweis auf die Identität des Urhebers gibt vielleicht die Erwähnung eines *hermanus inclusus* (»Hermann der Eingeschlossene, der Einsiedler«), bei dem es sich vermutlich um einen Mönch in Klausur gehandelt haben kann. Es sind keine weiteren Manuskripte von dieser Hand bekannt, einsichtig bei dem Umfang des Werkes, das dem Autor kaum Zeit für anderes gelassen haben dürfte.

Das Wort *inclusus* im Text könnte die Fantasie der Zeitgenossen oder späterer Leser zu der oben erwähnten Legende veranlasst haben; aus freiwilliger Klausur wurde womöglich die Strafe des Eingemauertwerdens.

Die Texte und Abbildungen des Codex Gigas wurden auf Kalbshäuten, dem so genannten *Vellum* festgehalten, das haltbar und lichtbeständig ist.

Das Werk schützt ein hölzerner Umschlag mit Lederbezug, verziert mit Ornamenten aus Metall. Volle 92 cm hoch, 50 cm breit und 22 cm dick, bringt der Codex Gigas fast 75 kg auf die Waage. Ursprünglich bestand er aus 320 Pergamentblättern, acht dieser Seiten wurden aus unbekannten Gründen später entfernt.

Gotteslästerliche Flüche und Kraftausdrucke

Wer flucht, muss in der Hölle schmoren, sagt der Volksmund, und »Der Fluch ist das Gebet des Teufels!«, meinte der österreichische Dichter und Philosoph Hans Lohberger. Noch immer glauben heute Menschen, dass man sich mit einem Fluch nicht nur psychische Erleichterung verschafft, sondern womöglich auch das Böse heraufbeschwört. Das hindert sie allerdings nicht daran, mächtig vom Leder zu ziehen:

Fluch	Bedeutung	Land
anani sikeyim	Ich ficke deine Mutter	Türkei
Bloody hell!	Blutige Hölle!	Großbritannie
Der Teufel soll dich holen!	Der Teufel soll dich holen!	Deutschland
Du Ausgeburt der Hölle!	Du Ausgeburt der Hölle!	Deutschland
Du Satansbraten!	Du Satansbraten!	Deutschland
el coño de tu hermana!	die Möse deiner Schwester	Spanien
en el quinto coño	in der fünften Möse = am Arsch der Welt	Spanien
faccia di culo	Arschgesicht	Italien
Fahr zur Hölle!	Fahr zur Hölle!	Deutschland
Fick dich ins Knie!	Fick dich ins Knie!	Deutschland
Fick dich selbst!	Fick dich selbst!	Deutschland
Fuck off!	Verzieh dich!	Großbritanni
Geh doch zum Teufel!	Geh doch zum Teufel!	Deutschland
Goddamned!	Gottverdammt!	Großbritann.
Hölle und Teufel!	Hölle und Teufel!	Deutschland
Ibn El Kalb!	Du Hurensohn!	Arabien
Me cago en la hostia!	Ich scheiß auf die Hostie!	Spanien

Merde!	Scheiße	Frankreich
Porco Dio!	Schweinegott!	Spanien
Saatana perkeleen vittu!	Satans teuflische Möse!	Finnland
Putain!	Hure	Frankreich
Puttana!	Hurenmadonna!	Spanien
roi des cons	Mösenkönig	Frankreich
Schmor doch in der Hölle!	Schmor doch in der Hölle!	Deutschland
Va te faire enculer!	Fick dich selbst!	Frankreich
Vaffanculo!	Fick dich selbst!	Italien
Vai a puttane!	Geh zu den Huren!	Italien
Veda vittu päähäs!	Zieh dir eine Möse über den Kopf!	Finnland
Zum Teufel mit dir!	Zum Teufel mit dir!	Deutschland

Wer USB verwendet, ist Satanist!

Die evangelikale Gruppierung »Paz do Senhor Amado« aus
Brasilien vermutet Teuflisches hinter der Schnittstelle USB.
Das USB-Logo zeigt nach Meinung von Welder Saldanha,
dem religiösen Anführer der Glaubensgemeinschaft, einen
Dreizack ganz ähnlich dem, den der Teufel in der Hölle ver-
wendet, um die Sünder zu foltern.

(Quelle: http://winfuture.de/news,59581.html)

Höllensturzgemälde

Sie dokumentieren Vorstellungen vergangener Tage über das
Ende wenig gottgefälliger Menschen. Die dargestellten Szenen
waren in den Vorstellungen gläubiger Menschen nicht etwa

allegorisch gemeint, sondern wurden für zukünftige Realität gehalten – zumindest für Sünder.

Albrecht Dürer, um 1500, *Höllensturz, Holzschnitt*

Pieter Brueghel, 1562, *Der Sturz der gefallenen Engel*
Musées royaux des Beaux-Arts, Brüssel

Hieronymus Bosch, 15./16. Jh, *Weltgerichtstriptychon,*
linke Tafel, Akademie der Bildenden Künste, Wien

Tintoretto, 1592, *Höllensturz,* Galerie der Alten Meister,
Dresden

Hieronymus Francken II., 16. Jh., *Das Jüngste Gericht:*
Der Höllensturz , Kunsthistorisches Museum, Wien

Peter Paul Rubens, 1619, *Der Engelssturz,* Alte Pinakothek,
München

Raffael, 1518, *Höllensturz Satans,* Prado, Madrid

Johann Michael Rottmayr, 1697, *Höllensturz Satans,*
Burgkapelle Tittmoning

Giuseppe Castiglione, 18. Jh., *Höllensturz Satans*

William Blake, 1826, Illustration zum Buch Hiob

Eugène Delacroix, 1861, *Höllensturz Satans,* Saint-Sulpice de Paris

Gustave Doré, 1865, *Bibelillustration*

Marc Chagall, 1923–47, *Höllensturz Satans,* Kunstmuseum Basel

Peter Paul Rubens, 1620, *Der Höllensturz der Verdammten,* Alte Pinakothek, München

Die Satanische Bibel

Die Satanische Bibel soll nach Angaben ihres Autors Anton Szandor LaVey in der Walpurgisnacht 1968 verfasst worden sein. Weniger magische Gründe als Termindruck von Seiten des Verlags sollen der Grund dafür gewesen sein. Kritiker behaupten, das Werk sei in großen Teilen ein reines Plagiat; so sollen Passagen aus Ragnar Redbeards »Might is Right« und John Dee's »Enochian Keys« übernommen worden sein. LaVey hält in der Satanischen Bibel seine Weltanschauung fest und erklärt sie zugleich zu einer Religion. Seine Thesen wurden zur Grundlage des modernen Satanismus. LaVeys »Church Of Satan« wurde in derselben Walpurgisnacht gegründet.

Satanistische Kirchen

Ihre Mitglieder bieten im bewussten Gegensatz zu den Grundsätzen der Kirche Satan nicht nur als Verkörperung des Bösen an:

Astrum Argenteum
1904, USA
Die Church of Satan (CoS)
30. April, 1966, USA / San Francisco
Orden »In Nomine Satanas« (I.N.S)
30. April 1996, Deutschland / Heidelberg
Order of Nine Angles (ONA)
um 1975, Großbritannien / Leeds
Temple of Set (ToS)
1975, USA

Prominente Mitglieder der Church of Satan

Prominente, die ihre Mitgliedschaft in der »Church of Satan« bestätigt haben oder denen eine solche nachgesagt wird:

Sammy Davis Jr. (Ehrenmitglied) – Sänger, Tänzer, Entertainer

Kenneth Anger – US-amerikanischer Underground-/Avantgarde-Filmemacher und Autor

Brian Hugh Warner (Ehrenmitglied) – Frontmann der Band »Marilyn Manson«

Matt Skiba – Sänger der Band »Alkaline Trio«

Marc Almond – Mitglied des Duos »Soft Cell«

King Diamond – dänischer Metal-Musiker
Boyd Rice – US-amerikanischer Avantgarde-Musiker
Kerry King – Gitarrist der Thrash-Metal-Band »Slayer«

Höllische Redensarten

Hölle und Teufel durchdringen in vielfältiger Weise unsere Sprache und haben besonders in festen Redewendungen Besitz von ihr ergriffen. Diese Idiome dokumentieren auch, wie weit verbreitet ein Teufelsglaube auch in diesen Tagen noch ist, auch wenn man sich diesen allgemeinen Sprachgebrauch nicht bewusst macht.

Den Teufel an die Wand malen

Dr. Johannes Faust soll es gewesen sein, so die Legende, der dieses Sprichwort prägte. Faust besuchte, in Sachen schwarzer Magie unterwegs, im Jahr 1538 die Stadt Wien. Als er eines Abends in einem für sein etwas fragwürdiges Publikum bekannten Weinkeller einkehrte, geschah etwa um Mitternacht folgendes: Ein gewisser Augustin Hirschvogel, von Beruf Kupferstecher, kritzelte mit Holzkohle eine Figur an die weiße Wand des Lokals: einen böse lachenden Mann mit herausgestreckter Zunge und einem weiten, wehenden Mantel. Faust sah die Zeichnung und murmelte augenblicklich eine Beschwörungsformel. Nahezu im selben Augenblick kam Leben in die Zeichnung, sie begann sich zu bewegen und färbte sich schmutzig rot. Mehr noch: Sie löste sich von der Wand, und plötzlich stand ein roter Teufel mitten unter den erschrockenen Gästen des Lokals. Alle suchten augenblicklich das Weite, und der in schwarzer Magie erfahrene Doktor Faustus prägte als Essenz aus der Situation die bereits genannte Redensart: Man soll den Teufel nicht an die Wand malen!

Der Teufel steckt im Detail

Diese Redensart soll bedeuten, dass die Schwierigkeiten einer Sache nicht unbedingt auf den ersten Blick erkennbar sind, dass aber immer noch unerwartet große – eben teuflische – Probleme an Stellen auftreten können, an denen man sie nicht erwartet.

Das geht auf keine Kuhhaut

Wie bei vielen anderen Redensarten auch, ist hier der Teufel selbst nicht benannt, arbeitet aber sozusagen im Hintergrund. Im Mittelalter glaubten die Menschen, dass der Teufel eine Art Buchführung über ihre Sünden betreibe und jede Einzelne davon auf einem Stück Pergament festhalte. Da es damals noch kein Papier gab, schrieb man auf Tierhäute, vornehmlich von Kalb oder Kuh. Wenn ein Mensch so viele Sünden begangen hatte, dass eine Kuhhaut nicht ausreichte, um sie zu notieren, dann war er ein echter Schurke.

Leck mich am Arsch!

Diese derbe Sprachäußerung hat für uns heute auf den ersten Blick kaum etwas mit Dämonen und Teufeln zu tun, war aber eigentlich einmal ein frommer Wunsch: Der nackte Hintern, so glaubte man in fernen vergangenen Tagen, könne bösen Zauber abwehren. Wem also eine Hexe oder gar der Teufel selbst über den Weg lief, der zog hinten blank. Später nutzte man den Spruch allein zur Gefahrenabwehr, aber er musste gleich mehrfach hintereinander aufgesagt werden. Zur Beleidigung und zugleich zum Allgemeingut wurde der frühere, etwas drastische Zauber durch den Dichterfürsten Johann Wolfgang von Goethe und sein Drama »Götz von Berlichingen«. Der Ritter mit der eisernen Hand lässt seinem Gegner ausrichten: »Sag deinem Hauptmann – Vor Ihro Kaiserliche Majestät hab ich, wie immer, schuldigen Respekt. Er aber, sag's ihm, er kann mich im Arsch lecken!« Womit ehemalige Magie zu ziemlich weltlichen Zwecken entfremdet wurde.

Was ist bloß in dich gefahren?

Geister und Teufel waren noch allgegenwärtig, als diese Redensart ihren Ursprung fand. Man vermutete keine Bakterien oder Viren hinter körperlichen und geistigen Erkrankungen, sondern Dämonen, welche in den Menschen einfahren und dadurch Besitz von seinem Körper und Geist erlangen. Noch heute verwenden wir die Redensart, wenn sich jemand überraschend anders verhält als erwartet, ohne allerdings allen Ernstes an eine dämonische Besessenheit als Ursache zu glauben.

Wie Pech und Schwefel zusammenhalten

Die Redensart direkt aus der Unterwelt: Beide Substanzen sind untrennbar miteinander verbundene Grundstoffe in der mittelalterlichen Hölle, verantwortlich zugleich für höllische Hitze und infernalischen Gestank. Nur zusammen können sie diese Wirkung entfalten.

Geh doch zum Kuckuck!

Gemeint war eher nicht der Vogel mit dem unverwechselbaren Ruf, sondern der, dessen Namen man nicht aussprechen soll, um ihn nicht heraufzubeschwören, der Gottseibeiuns, dieser Typ mit dem Pferdefuß, der manchmal auch Kuckuck geheißen wurde.

Jemandem die Hölle heiß machen

In einer Zeit, als die Vorstellung der Höllenqualen für die meist sehr religiösen Menschen ausgesprochen konkret war, hatte diese Drohung sicher deutlich mehr Gewicht als heute in Zeiten selbst gebastelter Mythologien und atheistischer Grundhaltungen. Jemandem die Hölle heiß machen bedeutet, ihn über alle Maßen zu drangsalieren, um ihn zu einer bestimmten Handlung zu bewegen. Zum Beispiel machten und machen noch heute Gläubiger ihren Schuldnern die Hölle heiß.

Unter Heulen und Zähneknirschen

Diese Redensart macht die Leiden der Sünder in der Hölle zum Thema, wie sie Martin Luther in seiner Bibelübersetzung beschreibt. Allerdings bedeutet Zähneknirschen heute eher, dass jemand entweder a) unwirsch und verärgert ist oder b) unter so genanntem Bruxismus oder gar unter *Craniomandibulärer Dysfunktion*, abgekürzt CMD, einer Störung der Muskel- und Kiefergelenkfunktion, leidet und dadurch nächtlich sein Gebiss ruiniert. Dennoch besagt die Redewendung noch heute: Jemand nimmt etwas in Kauf, obwohl er es nur schwer ertragen kann.

Weitere Teufelssprichwörter und -redewendungen

Am Anfang war auch der Teufel ein Engel.

Argwohn isst mit dem Teufel aus der gleichen Schüssel.

Auch der Teufel war schön, als er jung war.

Aushorcher und Angeber sind Teufels Netzeweber.
   (altes deutsches Sprichwort)

Bei der Hochzeit und beim Tod strengt sich der Teufel an.
   (England)

Beim Tanz geigt der Teufel gern auf.

Bruderzorn ist Zorn von Teufeln aus der Hölle. (Frankreich)

Da ist der Teufel los!

Da soll dich doch der Teufel holen!

Das erste Weib kommt von Gott, das zweite vom Menschen,
   das dritte – vom Teufel.

Das unrecht Gewonnene holt der Teufel.

Den Teufel an die Wand malen.

Den Teufel mit dem Beelzebub austreiben.

Den Teufel werd ich tun!

Der hat den Teufel im Leib!

Der Lügner trägt des Teufels Livree.

Der Teufel hat mehr Apostel denn zwölf.

Der Teufel ist ein tätiger Bischof in seinem Sprengel.

Der Teufel ist nicht so schwarz, wie man ihn malt.

Der Teufel lässt allezit einen bösen Gestank hinter sich.

Der Teufel macht die Töpfe, aber nicht die Deckel. (Italien)

Der Teufel pfeift süß, eh man aufsitzt.

Der Teufel scheißt immer auf den größten Haufen.

Der Teufel schläft nie.

Des Teufels Kinder haben des Teufels Glück.

Dich reitet wohl der Teufel!

Die Teufel weinen nicht, wenn die Nonnen tanzen.

Ein Teufel jagt den anderen weg. (Italien)

Es ist einfacher, den Teufel zu wecken, als ihn wieder zur
Ruhe zu bringen.

Es müsste mit dem Teufel zugehen …

Etwas auf Teufel komm raus wollen

Falscher Verdacht hat Teufelsmacht.

Gott gibt uns das Essen, der Teufel die Köche. (Italien)

Gott ist das Geld – und wenn es weg ist, ist der Teufel los!
(Portugal)

In der Not frisst der Teufel Fliegen.

In einer stillen Untiefe hausen die Teufel. (Russland)

In drei Teufels Namen.

In Teufels Küche kommen.

Jemanden zum Teufel wünschen.

Kind des Pfarrers aber Enkel des Teufels. (Griechenland)

Lustig gelebt und selig gestorben heißt dem Teufel die
Rechnung verdorben.

Mit einem bösen Weib fängt man den Teufel in freiem Feld.

Müßiggang ist des Teufels Ruhebank.

Neid ist des Teufels Kind.

Pfui Teufel!

Scher dich zum Teufel!

Setzt einen Bettler auf ein Pferd, und er reitet zum Teufel.

Sich den Teufel um etwas kümmern …

Vor Weihnachten geht der Teufel auf Stelzen.

Was zum Teufel will, das lässt sich nicht aufhalten.

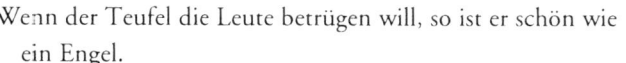

Wenn der Teufel die Leute betrügen will, so ist er schön wie ein Engel.

Wenn ein Mann nur ein wenig hübscher als der Teufel ist, sieht er gut genug aus. (Ungarn)

Wenn Gott mit dem Tode kommt, dann kommt der Teufel mit den Erben. (Schweden)

Wenn man den Teufel nennt, kommt er gerennt.

Wenn man vom Teufel spricht, dann kommt er gelaufen.

Wenn man vom Teufel spricht, ist er nicht weit.

Wer einem Reichen schenkt, gibt dem Teufel zu lachen.

Wer im Galopp lebt, fährt im Trab zum Teufel.

Wer mit dem Teufel aus einer Schüssel essen will, muss einen sehr langen Löffel haben.

Wo der Teufel nicht selbst hin will, schickt er einen Pfaffen oder ein altes Weib.

Wo Geld die Braut ist, hat der Teufel ein Ei in die Wirtschaft gelegt.

Wo man zischelt, ist der Teufel nicht fern.

Zu wenig und zu viel ist des Teufels Spiel.

Zwei Gläubige auf einem Kissen, da schläft der Teufel dazwischen.

Den Teufel im Menschen erkennen

Wie erkennt man eigentlich, ob Nachbar, Kollege oder Freundin besessen sind? Exorzismus-Lehrer Don Gabriele Nanni (Universität Regina Apostulorum) nennt – hier zitiert nach der Fachzeitschrift BILD – sechs Faustregeln:

- → Besessene hassen alles Religiöse (Kruzifixe, Weihwasser, Bibeln). Die Nennung des Namens Jesu macht sie extrem aggressiv.
- → In den Kissen ihrer Betten ertastet man Kränze, die sich aus Federn bilden.
- → Besessene sprechen oft Sprachen, die sie nie gelernt haben.
- → Besessene sind oft sehr traurig, sehr depressiv, lachen und scherzen selten.
- → In ihren Zimmern fliegen oft Gegenstände vom Tisch, an den Fenstern erscheinen unerklärliche Schriftzeichen.
- → Besessene plaudern Bosheiten über andere aus, die sie eigentlich nicht wissen können.

(Quelle: www.bild.de, 07.03.2008 – 00:02 Uhr, von Andreas Englisch; www.bild.de/BILD/news/vermischtes/2008/03/07/exorzist/sechs-merkmale-an-denen-sie-den-teufel-erkennen.html)

Die Rückkehr der Exorzisten

Wie BILD am 5. März 2008 berichtet, will der Vatikan 3000 neue Exorzisten einsetzen, um das nach Meinung der Kurie immer noch höchst aktive teuflische Böse im Menschen zu bekämpfen – einen in jeder der über 3000 Diözesen. Mit Kreuz, Gebet, Weihwasser und Beschwörungsformel sollen diese Gottesmänner jegliche satanischen Mächte und die feindliche Sturmschar der Hölle bekämpfen. So will es Papst Benedikt XVI., und die päpstliche Hochschule *Athenaeum Pontificium Regina Apostolorum* wird die Teufelsentfernungs-Experten in einem speziellen Kurs ausbilden. Allerdings weigert sich die deutsche Bischofskonferenz, Priester für den Job des Teufelsaustreibers zu benennen.

Zitate über den Teufel

Hier einige Beispiele für das Aufscheinen des Gottseibeiuns in der höheren Literatur:

Böses Weib soll man dem Teufel zum Geburtstag schenken.

(Wilhelm Busch)

Den Teufel spürt das Völkchen nie,
und wenn er sie beim Kragen hätte.

(Johann Wolfgang von Goethe)

Der Kaffee muss schwarz sein wie der Teufel,
heiß wie die Hölle, rein wie ein Engel und süß wie die Liebe.

(Charles-Maurice de Talleyrand-Périgord)

Der Satan der italienischen und englischen Dichter
mag poetischer sein; aber der deutsche Satan ist satanischer;
und insofern könnte man sagen,
der Satan sei eine deutsche Erfindung.

(Friedrich Schlegel)

Der Teufel des einen ist anständiger als der Gott des andern.

(Emil Gött)

Der Teufel hat die Welt verlassen, weil er weiß,
die Menschen machen selbst die Höll' einander heiß.

(Friedrich Rückert)

Der Teufel ist ein Optimist, wenn er glaubt,
dass er die Menschen schlechter machen kann.

(Karl Kraus)

Der Teufel ist jetzt weiser als vordem, er macht uns reich,
nicht arm, uns zu versuchen.

(Alexander Pope)

Die Buchhändler sind alle des Teufels,
für sie muss es eine eigene Hölle geben.

(Johann Wolfgang von Goethe)

Die Musik ist die beste Gottesgabe –
und dem Satan sehr verhasst.

(Martin Luther)

Die schönste List des Teufels ist, uns zu überzeugen,
dass es ihn nicht gibt.

(Charles Baudelaire)

Ein verdrießlicher Gott ist ein Widerspruch oder der Teufel.

(Jean Paul)

Einbläsereien sind des Teufels Redekunst.

(Johann Wolfgang von Goethe)

Fahre wie der Teufel, und du wirst ihn bald treffen.

(Robert Lembke)

Faule Engel taugen weniger als fleißige Teufel.

(Emil Gött)

Jeder von uns ist sein eigener Teufel,
und wir machen uns diese Welt zur Hölle.

(Oscar Wilde)

Lass dich den Teufel bei einem Haare fassen,
und du bist sein auf ewig.

(Gotthold Ephraim Lessing)

Man soll den Teufel nicht an die Wand malen, sonst kömmt er.

(Wilhelm Hauff)

Besser ein freier Teufel, als ein gebundener Engel.

(Peter Hille)

Das größte Wunderding ist doch der Mensch allein: Er kann,
nachdem er's macht, Gott oder Teufel sein.

(Angelus Silesius)

Der Teufel selbst beruft sich stets auf irgendeinen Rechtsgrund;
und jeder hält den seinigen für stärker.

(Emerich Madach)

Es heißt, der Teufel stecke im Detail. Ich glaube aber,
dass er manchmal in den Grundsätzen steckt.

(Michael Stewart)

Gott hat sich zum Mann gemacht, gut.
Der Teufel machte sich zur Frau.

(Victor Hugo)

Ich habe oft über das Pech nachdenken müssen,
dass die interessanteste deutsche Bühnenfigur der Teufel ist.

(Friedrich Dürrenmatt)

Jedoch ist Neid zu empfinden menschlich,
Schadenfreude zu genießen teuflisch.

(Arthur Schopenhauer)

Propaganda ist die Kunst,
den Teufel mit zwei gesunden Füßen zu fotografieren.

(Hans Kasper)

Wenn die Menschen auf ihr Alter tugendhaft werden, opfern sie
Gott nur die Überbleibsel vom Teufel.

(Alexander Pope)

Wer kein Herz für die Wahrheit hat,
dessen Kopf nimmt früher oder später der Teufel.

(Johann Heinrich Pestalozzi)

Zum Hassen oder Lieben ist alle Welt getrieben,
es bleibt keine Wahl; der Teufel ist neutral.

(Clemens Brentano)

Finstere Wesenheiten

Neben dem mit Himmel und Hölle verbreiteten mythologischen Personal spuken weitere Wesen und Gestalten durch die Vorstellungen und Fantasien von Menschen in aller Welt. Sie sind weder Engel noch Teufel, sind aber in ihren zum Teil finsteren Erlebniswelten ähnlich präsent.

Dämonen, Geister und Unwesen im deutschsprachigen Raum

Auch das Angebot an Horror im deutschen Sprachraum ist beachtlich und kann im internationalen Vergleich bestehen. Im Volksglauben bereichern die folgenden Wesenheiten das deutsche und deutschsprachige Schreckenspotential:

Alpmutter	Geist im Alpenraum, der Hütten und Höfe heimsucht; wird als buckelige Frau beschrieben, welche Tierkobolde begleiten
Aufhocker	lauffaules Scheusal, das nächtlichen Passanten auf den Rücken springt und mit jedem zurückgelegten Meter an Gewicht gewinnt

Bachkalb	Männerausrede in Aachen; das Bach-kalb hindert Männer an der Heimkehr und nimmt ihnen ihre Barschaft ab
Basilisk	Mischwesen aus Hahn (Kopf und Oberkörper) und Schlange (Leib), meist mit einer Krone auf dem Kopf; es gibt geflügelte Varianten, z. B. in Basel. Der Basilisk gilt als »König der Schlangen«.
Bergmönch	Als boshaft, dämonischer Berggeist dargestelltes Fabelwesen, gekleidet in eine schwarze Kutte; Bergmönche werden aber auch als Zwerge mit Kittel und Kapuze beschrieben und spielen den Bergarbeitern Streiche, sind dann aber eher freundlich und hilfreich. Bergmönch-Legenden sind aus dem Harz, dem Erzgebirge, aus Sachsen und Siebenbürgen bekannt.
Buhmann, Bullemann	Kinderschreck im Ruhrgebiet und im Allgäu
Bussekater	Zauberwesen in Gestalt eines großen, schwarzen Katers
Dilldapp	Mischwesen aus verschiedenen Tierarten, dem Wolpertinger ähnlich
Ekke Nekkepenn	zu manchmal üblen Scherzen auf-gelegter Meermann im norddeutschen Raum; das friesische Rumpelstilzchen

Elwetritsch	Vogelwesen, aktiv vor allem in Südwestdeutschland
Erdhenne	Der Hausgeist Erdhenne heißt auch Erdhühnlein oder Erdglucke oder Herdhendl, lässt für seine Art typische Gluck- und Piepslaute hören und ist im Alpenraum, in der Oberpfalz und in Bayern bekannt; ein gutartiger Schutzgeist, der die Bewohner eines Hauses vor Gefahren warnt.
Fenixmännlein	Schlesische Dämonen, mit Erdgeistern und Zwergen verwandt, aber größer als Zwerge; vertauschen ihre Kinder mit denen von Menschen; sie leben in Hügeln und Dickichten.
Gluhschwanz	Drachenartiges Gespenst, das in Niedersachsen sein Unwesen treibt und das wie ein Drache mit glühendem Schwanz aussieht; fliegt nachts über die Häuser und schaut durch die Schornsteine auf die Herde, auf der Suche nach süßer Milch. Wer keine für den Gluhschwanz bereitstellt, dem zündet er den Schornstein oder gleich das ganze Haus an.
Hakemann	Mischwesen aus Mensch und Fisch; wohnt in Brunnen, Teichen, Seen, Bächen und Flüssen und zieht Menschen (seine Nahrung) mit einem Hakenstock unter Wasser.

Hanghuhn	mit der Deichkuh verwandtes, in schrägem Gelände lebendes humoristisches Unwesen mit unterschiedlichen Beinlängen links und rechts
Klüngelpelz	der westfälische Werwolf
Klushund	ein Verräter, der die Stadt Bregenz an das Schwedische Heer unter General Wrangel verriet, wurde zur Strafe in einen großen, zottigen Hund mit tellergroßen roten Augen verwandelt, der nun auf ewig auf einer Römerstraße hin und her laufen muss
Lindwurm	der Halbdrache mit Schlangenleib, z.B. in der Nibelungensage, mancherorts auch Tatzelwurm genannt
Nachtalb	ein kleines schwarzes Wesen, auch Nachtmahr oder Mahr genannt; hockt sich in der Nacht auf die Brust träumender Menschen und löst bei ihnen Angstzustände und Atemnot aus
Nachtbock	Kinderschreck in Ziegenbockgestalt
Nachtgiger	monsterartiger Kinderschreck in Franken, der vor allem nachts umgehen soll und freche Kinder frisst, die nicht brav im Hause bleiben
Nachtkrabb	Kinderschreck in Süddeutschland und Österreich, der nachts draußen aktive, also »unartige« Kinder entweder weit von zu Hause fortschleppt (Süd-

deutschland) oder in Gestalt einer schwarzen Krähe auch schon mal frisst (Österreich); der Nachtkrabb in Südschwaben steckt Kinder nach Einbruch der Dämmerung in seinen Sack.

Nachtvolk	Das Nachtvolk ist eine Schar von Geistern und Gespenstern, die in den Raunächten ihr Unwesen treibt; auch als Wilde Jagd bekannt.
Nöck	ein häufig böser Wassergeist
Rasselbock	Hase mit Geweih eines Rehbocks, dem Wolpertinger nachempfunden
Rübezahl	Berggeist mit Zählzwang aus dem Reisengebirge; spielt Wanderern üble Streiche.
Rupperich	fränkischer Kinderschreck
Schabbock	Sagenfigur in Teilen Österreichs, Bayerns und der südlichen Weststeiermark; Nachtgeist; sein Erscheinen ist die Folge einer sittlichen Entgleisung von Brautleuten vor der Ehe; ist das aus dieser unmoralischen Verbindung hervorgegangene Kind ein Knabe, so erscheint ein Schabbock, ist es ein Mädchen, erscheint dessen weibliche Variante, die Trud. Der Schabbock stellt kleinen Kindern nach. Beschrieben wird der Geist mit einem glühenden Kopf und einem ebensolchen Hinterteil, was seine Boshaftigkeit erklärt.

Schrat	einzelgängerischer, an einen Kobold erinnernder Naturgeist, bekannt als Wald-, Bach- oder Wiesenschrat, manchmal auch als wilder Mann dargestellt; mit unterschiedlichen Charakteristika beschrieben, zum Beispiel als Hausgeist (Kärnten) oder als Albträume verursachender Nachtgeist
schwarzer Mann	Kinderschreck, mutmaßlich mit rassistischem Hintergrund
Stüpp	rheinischer Werwolf
Welthund	einäugiger Geisterhund, der in Mooren, Sümpfen oder Flussniederungen auftritt
Werwolf	zugleich Mensch und Wolf – Vorsicht: bissig!
Winselmutter	jammernder und klagender Geist aus dem Erzgebirge, dem Vogtland und Ostthüringen
Wolpertinger	(crisensus bavaricus) bayerisches Fabelwesen mit Hasenkopf, Hörnern, dem Balg eines Rehs; trägt dazu Flügel und Entenfüße

Weitere Fabelwesen, international

Das internationale Pandämonium zählt mehr Mitspieler in Vergangenheit und Gegenwart, als ein solches Buch fassen könnte. Deshalb hier nur eine Auswahl der am häufigsten verwendeten und vielleicht auch der besonders beeindruckenden Vertreter ihrer Art:

Addanc – walisischer Wasserdämon, auch bei den Kelten und Briten bekannt; als Krokodil, Biber oder Zwerg dargestellt; mit einer von Waffen nahezu undurchdringlichen Haut bedeckt; verursacht riesenhafte Überschwemmungen

Amphitere – mittel- und südamerikanische grün gefiederte Schlange, mit dem Gott Quezalcoatl verwandt; am Boden kriechend

Asanbosam – mystische Gestalt im äquatorialen Afrika beim Stamm der Ashanti und ihren Nachbarn. Diesen afrikanischen Vampiren in menschlicher Gestalt werden Zähne aus Eisen und bis zu sechs Arme angedichtet. Sie hängen im Urwald an Bäumen und lassen sich wie riesige Zecken auf ihre Opfer fallen.

Bajang – boshafter Dämon der malaysischen Mythologie, der in Körper tot geborener Kinder steckt und von übelwollenden Magiern für ihre Zwecke dienstbar gemacht wird

Baku – Mischwesen der chinesisch-japanischen Mythologie, nach dem Wolpertinger- bzw. Chimärenprinzip gebaut: Elefant oder Löwe (Kopf), Löwe oder Pferd (Körper), Bulle (Schwanz), Tiger (Pfoten); ernährt sich von Alpträumen und anderen negativen Aufladungen und dient den Kindern der Region (als Bild unters Kopfkissen gelegt) als eine Art Traumfresserchen

Banshee – die irische Todesfee; ihr Erscheinen kündet einen Tod in der Familie an; meist als bleiche, in Weiß gekleidete Frau mit auffallend roten, weil verweinten Augen dargestellt

Baobhan-Sith – schottische Vampirgeister in Gestalt verführerisch schöner junger Frauen, die hübsche Jünglinge anlocken und töten, indem sie ihnen das Blut aussaugen; vor allem im Wald aktiv, oft grün gekleidet

Behemoth – die Bestie aus dem Buch Hiob; häufig als Elefant verkörpert; dumpfes, vor Potenz strotzendes Ungeheuer, das auf dem Lande lebende Pendant zum Seeungeheuer Leviathan und dem riesigen Urvogel Ziz der jüdischen Mythologie

Bigfoot – (engl. »Großfuß«); übermenschlich großes, am ganzen Körper behaartes Wesen der neuzeitlichen nordamerikanischen Mythologie mit riesenhaften Füßen; sozusagen der nordamerikanische Yeti; Bigfoot wird in fast allen Gebirgen der USA und Kanadas gesichtet, wenn der Strom der Touristen zurückgeht; in Kanada wird er auch *Sasquatch* (stark behaarter Mensch) genannt.

Charybdis – gestaltloses Meeresungeheuer; ein Teil des Schreckenspaares Skylla und Charybdis in der griechischen Mythologie; beide Ungeheuer sollen in der Straße von Messina gelebt haben. Charybdis brachte Schiffe zum Sinken, indem sie dreimal am Tag riesenhafte Strudel erzeugte. Beide Ungeheuer sollen auch den Helden Odysseus und seine Männer angegriffen haben.

Chimäre – ein Mischwesen der griechischen Mythologie; später wurde der Begriff *Chimäre* als Bezeichnung für alle Mischwesen verwendet. Ursprünglich verstand man unter einer Chimäre eine Tochter der Ungeheuer Echidna und Typhon, ein feuerspeiendes Ungeheuer mit drei Köpfen: Löwe, Ziege und am Schwanz den Kopf einer Schlange oder eines Drachens. Die Geschwister der Chimäre waren ebenfalls ungeheuer hässlich: Hydra, das Ungeheuer mit den nachwachsenden Schlangenköpfen, der Höllenhund Kerberos und die Sphinx.

Chupacabra – Wie er aussieht, vermag niemand so genau zu sagen, alle Beschreibungen variieren stark. Aber schon sein Name sagt, was er tut: *chupar* bedeutet im Spanischen »*saugen*« und *cabra* ist die Ziege. Dieses Fabelwesen aus Lateinamerika ist wohl neuerer Herkunft und soll dort vom Blut der Ziegen oder Schafe leben, das es wie ein Vampir aussaugt. Erstmals soll es 1995 in Puerto Rico aufgetaucht sein, aber die Geschichte ist einfach zu schön, als dass sie nicht auch andere Teile Süd- und Mittelamerikas erobern könnte, wo viele Menschen ernsthaft an seine Existenz glauben.

Cyhyraeth – Geist in der walisischen Mythologie; kündet klagend den Tod eines Menschen an.

Dahu – der gämsenähnliche schweizerische und französische Wolpertinger; gehörntes Mischwesen aus Gämse und anderen, wechselnden tierischen Komponenten von Wiesel, Kaninchen, Eichhörnchen, Vogel oder Ziege. Auffallend sind die ungleichmäßig langen Beine, die für links- oder rechtsseitige Hangtauglichkeit sorgen (wie auch bei der ostfriesischen Deichkuh) oder für waagerechten Stand am Hang (bergauf oder talwärts). Möglicherweise vom Aussterben bedroht, weil die unterschiedlichen Beinlängen zu schier unüberwindlichen Paarungsproblem führen.

Diwata – die philippinischen Nymphen und Feen, die ähnlich wie ihre europäischen Verwandten unter anderem große Bäume bewohnen. Ihre Aufgaben sind ähnlich, sie beschützen die Natur vor den Menschen.

Drache – (lat. *draco*, altgriech. *drákōn – Schlange*) an einen Dinosaurier erinnerndes Fabelwesen; häufig ein schlangenartiges Mischwesen aus Reptilien, Vögeln und räuberischen Säugetieren; zur Ausstattung gehören Adlerklauen, Löwenpranken, Zackenkämme, Flügel und ein furchtbares Gebiss. Drachen speien Feuer und ernähren sich in Märchen vom Vieh der Bauern und/oder von Jungfrauen. Drachen müssen von Helden getötet werden, was dem Helden meist ein halbes oder ganzes Königreich und die Tochter des alten Königs einbringt, außer in dem gar nicht seltenen Fall, dass der Drache gewinnt. In Asien ist der Drache Glücks- und Fruchtbarkeitssymbol und steht für Glanz und Macht des Kaisers.

Echidna – als »ein unsagbares Scheusal, halb schönäugiges Mädchen, halb grausige Schlange, riesig, bunt gefleckt und gefräßig« beschrieb es der griechische Dichter Hesiod. Echidna war Mutter zahlreicher Ungeheuer – Typhon, Orthos, Kerberos, Hydra u.a.

Einhorn – gesamteuropäisches Fabelwesen in Form eines Pferdes mit einem Horn auf der Stirn; seltener auf dem Körper einer Ziege basierend und mit Löwenschwanz; das Einhorn gilt meist als sanft, edel und gut, seltener als gefährlich; besitzt zaubermächtige Körperflüssigkeiten: seine Tränen versteinern Lebewesen, sein Blut macht unsterblich, aber auch unglücklich. Einhörner können Tote zum Leben erwecken und durch ihre Anwesenheit ganze Regionen zum Blühen bringen.

Fafnir – Die Gier verwandelt in der nordischen Mythologie den Sohn des Königs Hreidmar in einen Drachen, der nun das Objekt seiner Begierde eifersüchtig bewacht: einen Goldschatz, und als bestes Stück darin den Zauberring Andvaranaut. Fafnir wird von Sigurd mit dem Schwert Gram erschlagen.

Faunus oder Faun – der altitalische Gott, schützt die Natur, die Bauern und Hirten, ihr Vieh und ihre Äcker. Er kann vielerlei Gestalt annehmen. Sein weibliches Pendant *Fauna* wird häufig als seine Gattin oder Schwester gesehen.

Fenghuang – der rote chinesische Glücks- und Sagenvogel, der den Schutz für Teile des Kaiserpalastes übernommen hat. Der Name setzt sich aus der Bezeichnung für die männlichen (feng) und die weiblichen (huang) Individuen der Art zusammen. Der elegante und farbenprächtige Vogel wird bis zu 1000 Jahre alt, vielleicht, weil er nur das Wasser der besten Bergquellen trinkt. Der Vogel steht gemeinsam mit dem chinesischen Drachen für das kaiserliche Paar, wobei der Drache den Kaiser und der Vogel die Kaiserin symbolisiert.

Foawr – ein sagenhaftes, rabiates Volk von Riesen oder Feen, bekannt auf der Isle of Man und Teilen Schottlands. Sie tragen Hörner oder Geweihe, lösen Lawinen aus, werfen mit Felsbrocken und stehlen den Bauern das Vieh. Am Loch Ness leben zwei Foawr-Brüder, die sich gegenseitig bekämpfen.

Formori – hässliches und rohes Volk in der irischen Mythologie, in Britannien als *Coranians* oder *Cawr* bekannt, in Schottland *Foawr* genannt; dargestellt als Riesen mit nur einem Arm und einem Bein; z. T. mit Tierköpfen versehen; in den urzeitlichen Kampf sagenhafter Völker um Irland verwickelt

Frau Perchta – auch einfach Perchta genannt; sozusagen die Frau Holle in der slawischen Mythologie und in einigen Teilen Zentraleuropas, zum Beispiel in Mitteldeutschland

Fuchsfee – auch Fuchsgeist; in Japan, China und Korea verbreiteter Geist, der die Gestalt einer Frau annehmen kann oder von einer Frau Besitz ergreifen kann, um Männer in erotische Verwicklungen zu verstricken

Gargyl – die mit den Drachen verwandten Gargyls oder Gargoyles sollen zu den ältesten Lebewesen auf der Erde gehören. Sie werden besonders gern als Wasserspeier-Statuen an Gebäuden oder als Horrorfiguren in Horrorfilmen und -romanen verwendet.

Garuda – Mischwesen aus Mensch und Adler, das dem indischen Gott Vishnu als Reittier dient; Garuda tötet Schlangen und Schlangengottheiten (*nagas*) und übernimmt zugleich die Aufgaben eines Postboten zwischen Göttern und Menschen, die er mit göttlichen Botschaften und Direktiven versorgt. Da er auf diese Weise die Anweisungen höherer Mächte an »die da unten« übermittelt, haben ihn viele asiatische Staaten auch zum Hoheitssymbol gemacht oder führen ihn als amtliches Siegel.

Geryon – Riese der griechischen Mythologie mit dreifachem Oberkörper oder zumindest drei Köpfen; erfolgreich als Rinderzüchter (einer der roter Stiere), die von dem Hirten Eurytion und den Hundebrüdern Orthos (zwei Köpfe) und Kerberos (drei Köpfen) bewacht wurden. Dennoch raubte der Viehdieb und Held Herakles die Herde, indem er den Hirten, einen der Hunde und den Besitzer selbst erschlug.

Ghul – Leichen fressende Dämonen, in den Grüften auf Friedhöfen oder sonstwie unterirdisch wohnhaft; in verschiedenen mythologischen Umfeldern wie auch in zahlreichen Computerspielen zuhause

Glatisant – Mischwesen mit dem Kopf einer Schlange, geflecktem Raubtierkörper, dem Hinterteil eines Löwen und den Beinen und Hufen eines Hirsches. Seine Stimme hört sich an wie das Bellen von Jagdhunden. Es existiert zu dem ausschließlichen Zweck, Jagdabenteuer für Helden zu ermöglichen, wird verfolgt und gehetzt, aber nicht gestellt und besiegt.

Gorgonen – Das Wort *gorgós* bedeutet in Griechisch *schrecklich*, und so sehen die drei geflügelten Schreckgestalten mit Schlangenhaaren in der Tat aus. Schon ihr Anblick kann jemanden zu Stein erstarren lassen. Die Schreckensweiber heißen Stheno, Euryale und Medusa. Letztere, als Einzige sterblich, wurde von Perseus enthauptet, und ihr Haupt wurde der Göttin Athene zum Geschenk gemacht. Sie trug es, neben dem goldenen Ziegenfell Aigis, wohl zur Abschreckung auf ihrer Brust, denn ein Blick auf das Haupt der Medusa lässt jeden Sterblichen zu Stein erstarren.

Greif – Mischwesen aus Löwe und Raubvogel, hervorgegangen aus der altägyptischen Mythologie; möglicherweise aufgrund von früheren Fossilienfunden (Protoceratops) in Asien in die Welt der Legenden eingegangen

Grendel – übermenschlich starker und missgestalteter Oger in der Beowulf-Saga, der mit Waffen nicht verwundet werden kann, aber von Beowulf im Ringkampf besiegt wird

Harpyien – Mischwesen aus Mensch (Kopf und Oberkörper) und Raubvogel in der griechischen Mythologie; anfangs als schöne Frauen dargestellt, später immer hässlicher; sie verkörpern die stürmischen Winde und waren die Töchter des Meerestitanen Thaumas und der Okeanide Elektra. Namentlich bekannt waren die Haryien Aello oder Aillopos (die

Windbö, der Sturm), Kelaino, Celaeno (die Dunkle), Podarge (die Schnellfliegende) und Ocypetes (die Schnellfüßige)

Hippokamp – Mischwesen aus Pferd (Vorderteil) und Fisch (Hinterteil) in der griechischen Mythologie

Hitodama – Sein Name bedeutet *Menschenseele* und er verkörpert so etwas wie ein japanisches Irrlicht, denn er wird wie ein blauer oder grüner Feuerball dargestellt. Dunkle Orte wie Friedhöfe oder Wälder sind sein Revier. Er liebt es, Wanderer von ihrem Weg abzubringen, und unterscheidet sich darin nicht vom Irrlicht.

Hydra – neunköpfiges Schlangenungeheuer der griechischen Mythologie; lebt(e) in den Sümpfen von Lerna. Acht der Köpfe waren sterblich, der neunte in der Mitte unsterblich. Abgeschlagene Köpfe wurden jeweils sofort durch zwei nachwachsende neue ersetzt. Daher war die aus einer Familie mehrköpfiger Ungeheuer stammende Hydra wohl das ideale Übungsobjekt für angehende Helden. Allerdings muss irgendwann eine Art Hydra-Reset stattgefunden haben, denn sonst hätte die griechische Mythologie über ein Untier mit 11, 13, 17 oder 296 Köpfen berichten müssen.

Ichtyokentauren – dekorative Mischwesen aus Mensch (Kopf), vierfüßigem Tier (Brust und Vorderbeine) und Fisch (Hinterleib) in den Darstellungen der griechischen und römischen Mythologie

Illuyanka – Schlangendämon der Hetither

Irrlicht – schwache, grünliche oder bläuliche Leuchterscheinungen, auch Sumpflichter genannt und mit Naturgeistern in Verbindung gebracht, den so genannten *Irrwischen*. Werden hauptsächlich in Feuchtgebieten wie Sümpfen und

Mooren beobachtet; physikalische Ursachen sind möglicherweise Biolumineszenz-Effekte (leuchtende Pilze, Glühwürmchen oder ähnlich) oder sich selbst entzündende Faulgase. Sie werden aber in der Mythologie als Erscheinung gedeutet, welche dem Zweck dient, Wanderer im Moor in die Irre und damit in den Tod zu führen, indem sie ein beleuchtetes Haus oder ein anderes fernes, von Menschen verursachtes Licht vorgaukeln.

Jackalope – Mischwesen aus Hase (Körper) und Gabelbock (Gehörn); die Variante des Wolpertingers im Nordwesten der USA und in Kanada

Jaculus – pfeilschneller und geflügelter afrikanischer Schlangendrache, der aus dem Blut der Medusa entstanden sein soll; heute tragen seinen Namen bestimmte Wüstenspringmäuse.

Kappa – mit Vorliebe Gurken, aber hin und wieder auch Menschen fressender japanischer Froschkobold in Teichen und Seen; grünhäutig, affenähnlicher Kopf, Enten- oder Schildkrötenschnabel; Schutzgeist seines Gewässers und in Japan Werbeträger für Kinderspielzeug

Kaukas – die baltische Variante der Heinzelmännchen; gutmütige Wesen, die Reichtum und Segen bringen, bei der Arbeit helfen und für eine gute Ernte sorgen; sie reagieren beleidigt oder boshaft, wenn sie missachtet oder schlecht versorgt werden. Wer Kaukas im Hause haben will, kann sie aus dem Hoden (!) eines Ebers oder Hahns ausbrüten, sie mit Geschenken anlocken oder warten, bis sie von selbst kommen.

Kelpie – Wassergeist im britischen und schottischen Volksglauben; Mischwesen aus Pferd (Körper) und Fisch

(Schwanz). Kelpies haben Einfluss auf die Fließeigenschaften des Flusses, in dem sie leben, und können so einen Fluss sicher oder unsicher machen. Der Legende nach bieten sie Fährmannsdienste an, verzehren aber ihre Kunden unter Wasser …

Kerberos – Der Name des Höllenhundes Kerberos oder auch Zerberus bedeutet *Dämon der Grube*. Dieses anfangs einköpfige Prachtexemplar Hund bewacht in der griechischen Mythologie den Eingang zur Unterwelt Hades. Mit der Zeit nahm die Anzahl der Köpfe zu, man ist sich in unterschiedlichen Darstellungen nicht unbedingt einig darüber. Es gibt Varianten mit drei oder 50 Köpfen. Zur weiteren Ausstattung des Tieres gehören ein Schlangenschwanz und einige Schlangenköpfe auf dem Rücken. Der Geifer des Tieres ist überaus giftig; wenn er zu Boden tropft, entsteht daraus Eisenhut, eine der giftigsten Pflanzen überhaupt. Bekannt wurde Zerberus vor allem durch seinen Auftritt in der Liebesgeschichte zwischen Orpheus und Eurydike, wo das Tier in seiner Aufgabe als Wachhund kläglich versagte, weil Orpheus es mit seinen Gesängen betören konnte. Auch gegenüber einer Bestechung mit Nahrungsmitteln ist der Höllenhund keineswegs immun; Psyche und Aenas konnten das Tier mithilfe von Honigkuchen besänftigen.

Kitsune – zaubermächtiger Fuchsgeist der japanischen Mythologie; extrem potenter Gestaltwandler, kann auch die menschliche Gestalt annehmen, mit Vorliebe die einer schönen jungen Frau; besitzt eine massive Ansammlung von übernatürlichen Kräften, kann fliegen, Feuer auslösen, Fruchtbarkeits- oder Schadenszauber aussprechen, auch Täuschungen und Besessenheit erzeugen. Symbol der Macht von Fuchsgeistern sind ihre Schwänze; alte und mächtige Exemplare besitzen bis zu neun davon; Fuchsgeister wollen von Menschen durch Gebete und Opfergaben in guter Stimmung gehalten werden.

Korrigan – besondere Feen oder zwergenhafte Spukgestalten in der bretonischen Mythologie mit prächtigem Haar und leuchtenden roten Augen; besonders häufig in der Halloween-Nacht in der Nähe von Hünengräbern und kultischen Monolithen (Menhiren) anzutreffen, wo sie auf menschliche Opfer lauern. Als bretonische Kombination aus *Sirenen* und der *Lorelei* locken sie ihre meist männlichen Opfer durch laszives Kämmen ihrer Haare und unwiderstehlichen Gesang an. Im Nebenjob stehlen sie Kinder und tauschen sie gegen Korriganen-Wechselbälger aus, was manches menschliche Erziehungsproblem erklären könnte.

Kynokephale – hundsköpfiges Fabelvolk vom Rande der zivilisierten Welt

Lamia – mit Vorliebe Kinder und junge Männer verschlingende Tochter des Gottes Poseidon und der Libya; lockt ihre männlichen Opfer in unwiderstehlich schöner Gestalt an, kann aber auch ihre Augen aus den Augenhöhlen nehmen; in unterschiedlicher Weise als Monster mit verschiedenen Schlangenteilen und Greifklauen dargestellt; Vorbild für die Lamien, die es ihr nachtun

Lamien – vampirähnliche Dämonen der griechischen Mythologie, auch *Empusen*, *Mormolycien* oder *Striges* genannt

Leviathan – der hebräische Name des Leviathans bedeutet *der sich Windende*; das Seeungeheuer der jüdisch-christlichen Mythologie ähnelt zum großen Teil einem Krokodil, hat aber auch Merkmale eines Drachens, einer Schlange oder eines Wals. Man kann ihn als konkretes Ungeheuer, aber auch als Sinnbild auf die zerstörerische Kraft des Meeres sehen; analog übernimmt seine Rolle auf dem Lande das elefantenähnliche Untier Behemoth und in der Luft der riesige Urvogel Ziz.

Lich – lebender Untoter; mächtiger Magier oder Zauberer, der seinen eigenen Tod überlebt hat; teilweise mit den Eigenschaften von Toten (Leichengeruch), ansonsten aber von einem lebenden Menschen nicht zu unterscheiden; sein Name gehört zum selben Wortstamm wie *Leiche*.

Long – der weltweit bekannte Drache der chinesischen Mythologie; Symbol für Glück und Wohlergehen; in den verschiedenen chinesischen Sprachen auch als *Lung* oder *Liong* bekannt. Anders als die europäischen Drachen sind die chinesischen (mit Ausnahmen) nicht boshaft und zerstörerisch, sondern eher Gottheiten als Dämonen.

Makara – Mischwesen aus der hinduistischen Mythologie, Reittier verschiedener Götter; oft dargestellt mit dem Körper eines Fisches und dem Kopf eines Elefanten; auch Krokodil- oder Delphinteile wurden gelegentlich verwendet.

Manggon – Seedrache in der südostasiatischen Mythologie

Mantikor – intelligentes Mischwesen mit dem Kopf eines Menschen (mit Löwenmähne) auf einem Löwenkörper und dem Schwanz eines Drachen oder Skorpions. In manchen Darstellungen flugfähig. Verschießt giftige Stacheln, lebt im Dschungel Indiens und ernährt sich unter anderem von Menschen, was eine besonders makabre Art der Ernährung ist, da der Mantikor mit seinen Opfern reden kann.

Meerjungfrau – Mischwesen aus einer jungen, hübschen

Frau (Oberteil) und einem Fisch (Unterteil); in zahlreichen Sagen und Legenden vorkommend

Minotaurus – Mischwesen aus Stier (Kopf) und Mensch (Körper), hervorgegangen aus der sodomistischen Liebe zwischen Pasiphaë, der Frau des Kreterkönigs Minos, und einem weißen Stier des Zeus. Der Minotaurus lebte in einem von Daidalos erbauten Labyrinth in Knossos, wo ihm regelmäßig Jünglinge und Jungfrauen geopfert wurden. Der Held Theseus besiegte schließlich den Minotaurus und tötete ihn. Aus dem ziemlich verzwickten Labyrinth entkam er mit Hilfe des Ariadnefadens.

Mottendrache – in Nordamerika beheimatete, nachtaktive Schlangendrachenart mit pelzigen Federn; ausgesprochen bissig; ernährt sich von Fleisch

Naga – Als *naga* bezeichnet man in der indischen Welt der Fabelwesen eine Schlange oder eine Schlangengottheit; *nagas* sehen entweder komplett wie Schlangen aus oder werden als Mensch mit Schlangenkopf oder Mensch mit ausufernd langem Schlangenleib und -schwanz dargestellt. Es gibt auch mehrköpfige *nagas*.

Najaden – Nymphen der griechischen Mythologie, die in Bächen, Flüssen oder Sümpfen wohnen

Nereiden – die Meeresnymphen der griechischen Mythologie, allesamt den 50 Töchtern des Nereus und der Doris zugehörig. Nereiden leben am Grund des Meeres in Höhlen, begleiten den Meeresgott Poseidon, beschützen Seeleute, unterhalten sie auf ihren langen Reisen und werden häufig auf Delphinen reitend dargestellt.

Nixe – den griechischen Wassernymphen (Najaden) nicht

unähnliche weibliche Wassergeister meist boshafter Natur; oft als bleiche, grünlich oder bläulich schimmernde Frauen dargestellt; zu erkennen am triefend nassen Rocksaum oder am Fischschwanz (siehe Meerjungfrau)

Nuckelavee – boshaftes, einem gehäuteten Zentauren nicht unähnliches schottisches Elfenwesen, zuständig für vernichtete Ernten, Seuchen und anderen Naturkatastrophen. Schon sein Atem ist giftig

Nymphe – Naturgeist der griechischen und römischen Mythologie, meist als junge Frau dargestellt

Oni – abgrundtief hässliche und böse Dämonen der japanischen Mythologie; Kennzeichen: viele Hautfarben möglich, häufig rot, scharfe Klauen, wildes Haar, Hörner, ungerade Anzahl von Augen, mehr als fünf Finger oder Zehen

Panoti – sagenhaftes Volk mit riesigen Ohren, welches wohl die Schilderungen von Reisenden farbiger erscheinen lassen sollte

Pegasus – das geflügelte Pferd der griechischen Mythologie; Dichter reiten auf Pegasoi (Mehrzahl)

Phönix – griechischer Wundervogel mit ägyptischem Vorbild, der am Ende seines Lebens ein Ei legt und dann verbrennt, aber aus seiner Asche verjüngt wiederersteht; Symbol der Erneuerung aus der Zerstörung

Polyphem – zu den Zyklopen zählender, Schafe und Ziegen züchtender, aber auch Menschen verzehrender, einäugiger Riese der griechischen Mythologie; er hielt Odysseus und seine Gefährten in seiner Höhle gefangen; sie entkamen ihm, indem sie ihn mit Wein betäubten und mittels eines Pfahles blendeten.

Python – riesenhafte Schlange, die in einem Gewölbe in der Nähe der Stadt Delphi haust; vom Gott Apollon getötet; das zum Dank an diesen Sieg errichtete Heiligtum beherbergt die Priesterin Pythia, das personifizierte Orakel von Delphi.

Rakshasa – böshafte und vielgestaltige Dämonen der indischen Mythologie, die Frauen nachstellen, Menschenfleisch fressen und Seuchen verbreiten

Rock – riesenhafter Vogel aus der arabischen Märchenwelt; beliebtes Fortbewegungsmittel bei Märchenreisen

Roter Vogel – kein konkretes Fabelwesen, sondern ein Symbol in der chinesischen Astrologie; eines der vier Wundertiere; in Japan als *Suzaku* bekannt

Rusálka – weiblicher Naturgeist in der slawischen Mythologie; Mischwesen aus Frau (Oberkörper) und Fisch (Unterkörper); Rusalky entsprechen damit den Meerjungfrauen und Nixen.

Saci, auch **Saci-pererê** – ein ganz und gar schwarzer, einbeiniger brasilianischer Dämon mit einer roten, zauberfähigen Kappe, mit deren Hilfe er erscheinen oder sich aus dem Staub machen kann; raucht Pfeife und kommt in verschiedenen Gegenden mit mehr oder weniger boshaften Eigenschaften vor; Halloween, der 31. Oktober, der *Dia do Saci*, ist sein Tag.

Satyr – Satyrn sind die Menschen erschreckende, triebhafte Dämonen aus dem Gefolge des Weingottes Dionysos in der griechischen Mythologie, in etwa mit den Faunen vergleichbar.

Selkies – rätselhafte Wesen der schottischen Mythologie; Robben, die unter ihrem Fell, das sie wie ein Kleidungsstück ablegen können, Menschen sind und ohne ihr Fell unerkannt unter den Menschen leben können; Selkie-Frauen zeichnen sich durch besondere Schönheit aus.

Sirene – weibliches Mischwesen aus Frau und Vogel (oder aus Frau und Fisch), das Seefahrer durch seine betörenden Gesänge anlockt, um sie ins Verderben zu stürzen. Odysseus gelang es der Sage nach, ihren Stimmen zu lauschen, indem er sich am Mast seines Schiffes festbinden ließ.

Skiapoden – sagenhaftes einfüßiges Volk aus dem Sagenschatz der griechischen Mythologie; Skiapoden sind trotz ihres einzigen Fußes nicht nur sagenhaft schnell, sondern benutzen diese Gliedmaße auch noch als Sonnenschutz, da sie im Wüstenklima Lybiens angesiedelt wurden.

Skvader – Variante des Wolpertingers aus Schweden. Mischwesen aus Hase (Kopf, Rumpf, Pfoten) und Auerhahn (Flügel und Schwanz)

Skylla – Meeresungeheuer der griechischen Mythologie; ein Teil des Schreckenspaares Skylla und Charybdis; Skylla zeichnet sich durch eine ausgefallene Anatomie aus: der Oberkörper einer jungen Frau sitzt auf einem Unterleib aus sechs Hunden. Beide Ungeheuer sollen auch den Helden Odysseus und seine Männer angegriffen haben.

Sphinx – als geflügelter Löwe mit dem Kopf oder Oberkörper einer Frau dargestellt, war die Sphinx der Dämon der Zerstörung und des Unheils; stellte Reisenden ein Rätsel, bestrafte falsche Antworten mit dem Tod: Das Rätsel der Sphinx: »Was geht am Morgen auf vier Füßen, am Mittag auf zweien und am Abend auf dreien?« Ödipus beantwortete die Rätselfrage richtig: »Der Mensch!« – woraufhin die Sphinx sich zu Tode stürzte.

Spriggan – kleine, hässliche und ziemlich kriminelle Fabelwesen in Cornwall; Spriggans stehlen, rauben und tauschen Säuglinge in der Wiege gegen Wechselbälger aus; können Stürme als Schadenszauber einsetzen. Spriggans könnten die Geister verstorbener Riesen sein, weil sie sich zu gewaltiger Größe aufblähen können. Sie hüten, ähnlich wie die Elfen, in Hügeln verborgene Schätze großen Ausmaßes.

Titanen – die Nachkommen der Gaia und des Uranos in der griechischen Mythologie, verwandt mit den Kyklopen und Hekatoncheiren

Tscharana – riesiger, ausgesprochen langlebiger (999 Jahre) und schnell fliegender Vogel in der Mythologie der osteuropäischen Roma; der Tscharana muss jede Nacht an der Brust einer bestimmten Frau gestillt werden, die dann gemeinsam mit ihm sein sagenhaftes Alter erreicht.

Turul – mythologischer Vogel zwischen Adler und Falke in der ungarischen Fabelwelt; Nationalsymbol, denn der Vogel hat die Ungarn nach Pannonien geführt.

Wassermann – Der auch Nöck genannte männliche Wassergeist der europäischen Mythologie; Wassermänner kommen sowohl in boshafter als auch in gutmütiger Form vor.

Wendigo – Dieses meist in Wäldern lebende Wesen ist beim nordamerikanischen Indianerstamm der Anishinabe das Pendant zum Werwolf. Wendigowak (so der Plural) besitzen menschliche Gestalt, sind aber Gestaltwandler und können unter anderem als furchtbare, an eine Raubkatze erinnernde Bestie erscheinen, aber auch als Skelett aus Eis. Sie sind nicht nur grausam, sondern haben auch noch eine Vorliebe für Menschenfleisch – die idealen Voraussetzungen für eine Existenz in zahlreichen Horrorfilmen.

Wyvern – mythologische, geflügelte Schlangendrachen, die von unterschiedlichen Quellen sowohl in Nordeuropa, in Griechenland, in Indien und Äthiopien angesiedelt werden. Im Gegensatz zu anderen Schlangendrachen besitzen sie ein Paar Beine mit Raubvogelkrallen und in manchen Schilderungen einen Giftstachel am Schwanz. Sie sind sozusagen flugfähige Lindwürmer, leben räuberisch in Höhlen im Gebirge; auch als Wappentier im mitteleuropäischen Raum beliebt.

Zentaur – Mischwesen aus Mensch und Pferd, Folge einer ziemlich schief gelaufenen sexuellen Entgleisung des Lapithenkönigs Ixion mit der Göttermutter Hera.

Ziz – der riesige Urvogel der jüdischen Mythologie

Zyklop, auch **Kyklop** – Wesen der griechischen Mythologie entweder mit kreisrunden Augen oder einem Einzelauge auf der Stirn

Kuriose Kultgegenstände

Diese Gegenstände besitzen z. T. Fetischcharakter und werden ohne rationale Gründe und ohne einen tatsächlichen Beweis ihrer Wundertätigkeit von der einen oder anderen religiösen Fraktion verehrt oder gar angebetet:

Abendmahlsbrot – Reliquie, christlich; Brot vom Tisch des historischen Abendmahls von Jesus und seinen Jüngern inklusive Judas

Athame – Kultdolch, keltisch/germanisch

Arm des heiligen Lazarus – Reliquie, christlich

Bart des Noah – Reliquie, christlich

Bundeslade – Israel

Bundeslade aus dem Tempel Salomons – Reliquie, christlich
Daumen des heiligen Johannes – Reliquie, christlich
Dornenkrone Jesu – Reliquie, christlich
Feueruhr – Japan, China
Gebetsmühle – Tibet
Geldbeutel des Judas – Reliquie, christlich
Grabtuch Jesu – Reliquie, christlich
Haare Mariens – Reliquie, christlich
Haupt der Heiligen Berta – Reliquie, christlich
Haupt der Heiligen Gudula – Reliquie, christlich
Haupt des Heiligen Wipert – Reliquie, christlich
Hühnergott – Stein mit Loch, meist Feuersteinknolle; Glücks-
    bringer oder Talisman zum Schutz des Geflügels gegen böse
    Geister (slawischer Volksglaube)
Julleuchter – nordisch
Kot der Palm-Eselin – Reliquie, christlich
Krippe Jesu – Reliquie, christlich
Lituus – Kultstab, etruskisch/römisch
Manistein – Tibet
Maske, Ahnenpuppe – Ahnenkult
Menora – siebenarmiger Leuchter, jüdisch
Milch Mariens – Reliquie, christlich
Nifo'Oti – Kultkeule, Samoa
Peseschkaf – Kultwerkzeug, ägyptisch
Redestab – indianisch
Taschengott – frühgeschichtlich
Tränen Jesu – Reliquie, christlich
Vodoo-Puppe – Voodoo, Haiti
Zahn Mohammeds – Reliquie, Islam

Sex-Dämonen

Sie entspringen vermutlich den Gehirnen von Menschen, die weniger von Dämonen und Unwesen als von einem übermächtigen Sexualtrieb besessen waren und ihrer Obsession in Form eines fiktiven Wesens Ausdruck verliehen haben, was sie aber vermutlich nicht von ihrer Besessenheit befreit hat.

Baubo – ein Weib aus der griechischen Mythologie, das vor der Fruchtbarkeitsgöttin Demeter ihren Unterleib entblößte, um dadurch die um ihre entführte Tochter Persephone trauernde Göttin aufzuheitern. Baubo reitet in Goethes »Faust: Der Tragödie erster Teil« auf einem Schwein in der Walpurgisnacht der Hexenschar voran.

Begocdidi – der Busengrapscher; ein Dämon der Navajo-Indianer mit unstillbarem Hunger auf sexuelle Handlungen mit Frauen. Die Verführten bringen Dämonenkinder zur Welt.

Ereschkigal – eine sexuell überaus begierige Unterweltgöttin der sumerischen Mythologie. Sie beherrscht das Land ohne Wiederkehr.

Furfur – für die sexuelle Zusammenkunft von Mann und Frau zuständiger Höllenfürst; ein großer Lügner, der nur dann die Wahrheit sagt, wenn er mit einer magischen Triangel dazu gezwungen wird.

Succubus und **Incubus** – weiblicher (Succubus) und männlicher (Incubus) Dämon; beide ernähren sich von der Lebensenergie schlafender Menschen, mit denen sie sich nachts heimlich paaren. Bei ihren Opfern bleibt allenfalls ein Traumbild als Erinnerung zurück. Während *Incubus* von lateinisch *incubare* = *oben liegen* herrührt, bedeutet der Name des weiblichen Dämons *Succubus unten liegen* von lateinisch *succumbere.*

Lilith – boshafte Göttin der Sumerer und weiblicher Teufel; steht im Gegensatz zu Eva (Mütterlichkeit, Bescheidenheit, Folgsamkeit) für Sinnlichkeit, Leidenschaft und Sexualität.

Dämonen mit Eigenheim

Im **San Phra Phum**, dem Schrein der Phum-Geister, leben in Thailand die Haus- und andere Geister. Diese Behausungen für Geisterwesen sind meist kleine Häuser, welche errichtet werden, wenn auf einem Grundstück ein Wohnhaus erbaut wird und damit im Glauben der Bevölkerung die örtlichen Geister ihrer bisherigen Wohnstätte beraubt wurden. Diese Geisterschreine sind meist relativ klein, können aber auch die Größe eines zweiten Wohnhauses auf dem Grundstück erreichen. Derartige Geisterbehausungen gibt es auch an exponierten Orten in der Landschaft oder im modernen Straßenverkehr: Sie sollen an gefährlichen Stellen vor Unfällen schützen.

Die Farben der Magie

Auch in Sachen Mythologie tendiert der Mensch zur Katego-
risierung – was in Schubladen eingeordnet ist, wird weniger
bedrohlich. Neben der weißen und schwarzen Magie

white magic	–	Heilung und Harmonie
black magic	–	Flüche, Verhexen, Bindemagie, Rache

und den grauen Formen in einer Zone ethisch fragwürdiger
Motivation gibt es im amerikanischen Raum weitere Farben
der Zauberei, die ihre Wurzeln in Afrika haben sollen:

red magic	–	Liebeszauber
green magic	–	Geldzauber

(Quelle: http://www.hexe-claire.de/weiss-grau-schwarz.html)

Ekelhafte und bedrohliche Ortsnamen

Ob diesen Orten etwas Diabolisches innewohnt, kann man
nur vermuten. Allerdings fragt man sich angesichts der Tatsa-
che, dass Namen von Orten ja von Menschen gewählt wurden, was die jeweiligen Namensgeber veranlasst hat, sich für
eine solche negativ besetzte Bezeichnung für eine Ansiedlung
zu entscheiden. Da muss doch irgendetwas Böses dahinter ste-
cken …

Afterhausen	Dorf in der Gemeinde Postmünster, Landkreis Rottal-Inn, Bayern
Alzheim	Ortsteil der Stadt Mayen, Rheinland-Pfalz

Amtsknechtswahn	Ortsteil von Much, Rheinisch-Bergischer Kreis, Nordrhein-Westfalen
Aschenbrennermarter	Ortsteil der Gemeinde Altenthann im Landkreis Regensburg, Bayern
Eiterbach	Ortsteil von Heiligkreuzsteinach, Baden-Württemberg
Eiterfeld	Gemeinde im Landkreis Fulda, Hessen
Ekel	Ortsteil von Bottrop im Stadtbezirk Kirchhellen, Nordrhein-Westfalen
Ekel	Ortsteil von Erfde, Kreis Schleswig-Flensburg, Schleswig-Holstein
Ekel	Teil der Innenstadt von Norden, Landkreis Aurich, Niedersachsen
Ekelsdorf	Ortsteil von Süsel, Kreis Ostholstein, Schleswig-Holstein
Engehöll	Stadtteil von Oberwesel am Mittelrhein, Rheinland-Pfalz
Hexenberg	Stadtteil der Kreisstadt Dietzenbach, Hessen
Hexenloch	zu Furtwangen im Schwarzwald, Baden-Württemberg
Hölle	Ortsteil von Naila, Bayern
Höllen	Ortsteil von Titz im Kreis Düren, Nordrhein-Westfalen
Kotzen	Gemeinde im Landkreis Havelland, Brandenburg
Kloschwitz	Ortsteil der Gemeinde Salzatal, Saalekreis, Sachsen-Anhalt
Kloschwitz	Ortsteil der Gemeinde Weischlitz, Vogtlandkreis, Sachsen

Knochenmühle	bei Karlsruhe, Baden-Württemberg
Kotzenbach	Gemeinde Püchersreuth, Bayern
Kotzendorf	Ortsteil der Gemeinde Königsfeld, Bayern
Leichendorf	Ortsteil der Stadt Zirndorf, Landkreis Fürth, Bayern
Mordberg	Ortsteil von Rohr, Bayern
Pißdorf	Ortsteil der Gemeinde Osternienburger Land, Sachsen-Anhalt
Pissen	Ortsteil der Gemeinde Leuna, Sachsen-Anhalt
Quälhof	Ortsteil von Riepsdorf, Schleswig-Holstein
Sargleben	Gemeindeteil von Karstädt (Prignitz), Brandenburg
Sauheim	Gemeinde Ursensollen, Bayern
Saurasen	Ortsteil von Ritterode, Bayern
Sauschwemme	Ortsteil von Johanngeorgenstadt, Sachsen
Schwarzer Kater	Ortsteil der Gemeinde Dahlen, Sachsen
Sterbfritz	Main-Kinzig-Kreis, Hessen
Teufelhammer	Ortsteil der Gemeinde Speichersdorf, Bayern
Teufelswiese	Ortsteil von Wipperfürth, Nordrhein-Westfalen
Todesfelde	Gemeinde im Kreis Segeberg, Schleswig-Holstein
Todtenhausen	Ortsteil der Stadt Minden, Nordrhein-Westfalen

Todtenhund	zu St. Georgen im Schwarzwald, Baden-Württemberg
Todtenmann	Ortsteil von Much, Rheinisch-Bergischer Kreis, Nordrhein-Westfalen
Tollendorf	Ortsteil der Gemeinde Göhrde im Landkreis Lüchow-Dannenberg
Tollhausen	Ortsteil von Elsdorf im Rhein-Erft-Kreis, Nordrhein-Westfalen
Ungeheuerhof	Ortsteil der Stadt Backnang, Baden-Württemberg
Waldhexe	Ortsteil von Schwalbach (Saar) im Landkreis Saarlouis, Saarland
Warzen	Ortsteil von Alfeld (Leine), Niedersachsen

Magische Bäume

Der Baum spielt als Symbol des Lebens in der menschlichen Gedankenwelt eine große Rolle und kommt weltweit in Mythologie, Mystik, Magie und Religion vor. Als Ganzes und auch mit jedem seiner Teile verkörpert er Wünsche, Hoffnungen und Erfahrungen der menschlichen Existenz. Hier die wichtigsten und wirkungsstärksten Bäume:

Yggdrasil – Die Weltenesche der germanischen Mythologie soll nicht nur der größte und schönste Baum aller Zeiten (gewesen) sein, sondern vor allem der erste. Yggdrasil wurde von dem rätselhaften Geschlecht der Asen wie alle anderen Dinge auf der Welt aus dem Körper des Ur-Riesen Ymir geschaffen. Der Riesenbaum, der auch mit den Namen Mímameiðr oder Læraðr (Läradr, nord. »Schutzspender«) bezeichnet wurde, soll den ganzen Kosmos verkörpern. Seine Zweige spendeten den neun Welten Schatten und überspannten den gesamten Himmel. Die drei großen Wurzeln reichten weit. Die Erste wuchs bis nach Jötunheim, dem Land der Riesen, wo unter ihr die Quelle Mimirs entsprang, deren Wasser hellsichtig macht; die Zweite sproß bis ins eisige Nilfheim, wo sie die Quelle Hvergelmir überdeckte, aus der alle Flüsse der Welt entspringen, gebildet aus den Tropfen vom Geweih des Hirsches Eikthyrnir; und die dritte Wurzel wucherte bis ins Reich der Nornen nach Asgard, wo unter ihr der Brunnen der Schicksalgöttin (Norne) Urd entsprang. Außerdem lieferte der gewaltige Baum besagtem Hirsch Eikthyrnir und der Ziege Heidrun Nahrung, die auf dem Dach Walhalls stehen.

Der Baum der Erkenntnis – Er wuchs mitten im Paradies, und es war den Menschen – also Adam und Eva – verboten, seine Früchte zu essen. Weil dies natürlich doch geschah (die Schlange war schuld), folgte die Einordnung dieses Ereignisses als Sündenfall und die Vertreibung aus dem Paradies als auf dem Fuße folgende Strafe, ergänzt durch den Verlust der Unsterblichkeit. In zahlreichen Darstellungen der Vergangenheit und Gegenwart ist der Baum der Erkenntnis übrigens ein Apfelbaum.

Der Baum des Lebens – Im Alten Testament ist er der zweite Baum in der Mitte des Paradieses, der für das volle Leben und die Möglichkeiten der Menschen in Gottes Schöpfung steht. Häufig wird er mit dem Baum der Erkenntnis verwechselt oder gleichgesetzt. Nach dem Rauswurf aus dem Paradies könnte der Baum des Lebens am Ende der Zeiten dafür sorgen, dass die guten Menschen die Unsterblichkeit zurückgewinnen.

Der Baum der Weisheit – Gemeint ist der Bodhi-Baum. Unter einem Baum dieser Art, einer Pappelfeige, erlangte der erst 35-jährige Buddha die vollkommene Erleuchtung. Besagter Baum stand am Ufer eines Flusses im heutigen Bihar. Das geschah im Jahre 528 v. Chr. Heute gehört zu jedem buddhistischen Tempel ein Bodhi-Baum.

Der Lebensbaum der Ägypter – Es ist eine Maulbeer-Feige mit dem lateinischen Namen *Ficus sycomorus*, auch *Sykomore* genannt, die den alten Ägyptern Schatten spendete und Früchte lieferte. Der weiße Milchsaft des Baumes wurde in der Medizin eingesetzt, aus seinem Holz entstanden alle Arten von Gebrauchsgegenständen wie Möbel, aber auch Schiffe. Seit mehr als 4000 Jahren ist die Sykomore auch der Baum der Liebesgöttin Hathor.

Der Baum der Unsterblichkeit – Um diesen Titel streiten sich mehrere Baumarten: In China wird der Pfirsichbaum dafür gehalten, aber die Akazie und die immergrüne Zypresse machen ihm den Rang streitig. Im mittelalterlichen

Europa nahm die Linde die Rolle ein, die Kelten hingegen meinten, es sei der Apfelbaum. Übrigens halten einige Wissenschaftler alle Bäume für potentiell unsterblich.

Die Donnereiche – Christen vergriffen sich unter dem Deckmantel der Frömmigkeit nicht nur an Frauen, die sie als Hexen verleumdeten, sie machten auch vor der Welt der Pflanzen nicht halt. Der Heilige Bonifatius ist für die Zerstörung der Donar- oder Donnereiche verantwortlich, die in der Nähe der Stadt Geismar in Hessen stand und dem germanischen Gott Donar geweiht war. Religiöse Konkurrenz konnte nicht geduldet werden, und weil die mehr oder weniger bekehrten Christen sich davor fürchteten, den Baum zu fällen und den Zorn des Gottes auf sich herab zu rufen, griff Bonifatius selbst zur Axt.

Der Baum der Magie – Aus welchem Holz werden am besten Zauberstäbe gefertigt? Wieder so ein Streitfall: Während die einen das Holz der Haselnuss mit besonderen Kräften beseelt wissen, greifen andere Magieexperten zu Stechpalme oder Buche. In der Harry-Potter-Zaubersaga werden darüber hinaus laut www.harrypotterwiki.de Eichen, Holunder, Esche, Kastanie, Kirsche, Mahagoni, Rose, Ulme, Walnuss, Weide, Weinrebe, Weißbuche und Weißdornholz verwendet. Es liegt der Gedanke nahe, dass sich eigentlich jedes Holz zur Herstellung von Zauberstäben eignet.

Der Hexenbaum – Die weisen Frauen des Mittelalters wählten meist die Hainbuche zu ihrem magischen

Baum. Darüber hinaus sollen auch Haselnuss und Holunder eine magische Rolle gespielt haben, wobei der Holunder eher als ein Hexenstrauch bezeichnet werden muss.

Der Baum des Todes – Die Eibe macht schon vom Aussehen her den Eindruck eines Zauberbaums, dunkel, gedrungen und knorrig, wie sie wirkt. Vermutlich wählten sie deshalb die keltischen Druiden zu ihrem Baum. Die Alemannen und Wikinger stellten Bögen aus ihrem zugleich biegsamen, harten und widerstandsfähigen Holz her. Seit alters her wird sie auf Friedhöfen angepflanzt und gilt als Baum des Todes. Als Hecke um ein Grundstück gepflanzt, soll sie vor böser Zauberei schützen. Alles andere als Schutz bietet der Baum demjenigen, der von seinen Teilen probiert: Die Rinde, die Nadeln und die roten Beeren der Eibe sind für Mensch und Tier überaus giftig.

Monsterpflanzen

An sich sind Pflanzen in unseren Vorstellungen verträgliche, sich aus Erde, Luft und Wasser ernährende Lebewesen ohne aggressive Absichten. Jedoch gibt es auch bestimmte Exemplare oder Spezies, die durchaus fleischliche Gelüste haben.

Fiktiv:

Der erstmals 1960 und später mehrfach verfilmte Stoff (»Little Shop Of Horror«/»Der kleine Horrorladen«) um die zunächst niedliche **fleischfressende Pflanze Audrey** (»Feed me!«), die zuerst durch das Blut ihres Besitzers erstaunliches

Wachstum zeigt und schließlich ganze Menschen verschlingt, ist der Spielfilmklassiker zum Thema.

Der tschechische Spielfilm »**Adele hat noch nicht zu Abend gegessen**« (Originaltitel: *Adéla ještě nevečeřela*) von 1977 erzählt eine ähnliche Geschichte, die mit einem verschwundenen Hund beginnt und in der die Pflanze Adele zum Werkzeug eines auf Rache sinnenden Gärtners wird.

In Stephen Kings unvollständigem Roman »**The Plant**« sorgt eine Blut fressende Pflanze mit übernatürlichen Kräften für brillante Buchideen in einem Verlag

Auch in Computerspielen, Trickfilmproduktionen, Mangas (Inuyasha) und Comics (z.B. Donald Duck) kommt die fleischfressende Pflanze vereinzelt vor.

Legendär:

Die Menschen fressende Pflanze von Madagaskar – Die im 19. Jahrhundert entstandene Legende um eine zweieinhalb Meter hohe, Menschen fressende Pflanze, die wohl auf die Entdeckung tatsächlich von Insekten lebender Pflanzen durch Charles Darwins zurückgeht, stammt aus einer Zeitschrift: Das pflanzliche Monster ist auf dem Titelblatt des »Journal des Voyages« vom 8. September 1878 dargestellt, ein deutscher Forschungsreisender namens Carl Liche soll sie entdeckt und selbst der Opferung einer Frau durch das Volk der Mkodos beigewohnt haben. Andere Zeitschriften zum Beispiel in Australien oder den USA folgten mit ähnlichen Meldungen. Weder gab es den Forscher Carl Liche noch wurde je eine derartige Pflanze auf Madagaskar entdeckt.

Die Menschen fressende Pflanze auf Mindanao – Weil Menschen fressende Pflanzen wohl gut Auflage machten, informierte dieselbe Zeitschrift, die 1920 über das mörderische Gewächs in Madagaskar berichtet hatte, »The American Weekly«, im Jahre 1925 über eine ähnliche Pflanze auf der Philippinen-Insel Mindanao.

Ya-te-veo – Über diese südamerikanische, Fleisch fressende Pflanze und ihre Untaten berichtet im Jahre 1887 ein gewisser J. W. Buel; der Name des mörderischen Krautes bedeutet im Spanischen »Ich sehe dich schon«.

Die Hunde fressende Pflanze von Nicaragua – Sie soll um das Jahr 1890 den Hund des Naturforschers Sir Wyndham Rowland Dunstan verzehrt haben. Da die Tat in einem Sumpfgebiet stattgefunden hat, könnte durchaus auch ein tierisches Unwesen eine Rolle gespielt haben. Warnt doch heute noch ein Reiseführer: »Im Lago de Nicaragua ist vor Haien und Krokodilen Vorsicht geboten!«

Der Vögel fressende Snake-Tree – Nur kurz nach der Horrorgeschichte mit dem verschlungenen Hund erschien eine Meldung über den Schlangenbaum in der Sierra Madre in Mexiko, der sich Vögel schmecken lässt.

Real:

Allenfalls als Monsterpflanze in realiter geeignet ist die **Würgefeige**, welche Bäume umschlingt und zum Absterben bringt.

Bei uns heimische **Mini-Monster** sind aber die Fleisch fressenden Pflanzen **Sonnentau** und **Venusfliegenfalle**.

Die wichtigsten Tiere der nordischen Mythologie

Neben den Menschen ähnelnden Göttern existieren in der Vorstellungswelt der nordischen Mythologie tierische Lebewesen, die Freund und Begleiter oder Gegner und Feind sein können. Sie sind friedlich oder aggressiv, dienen den Göttern und auch den Menschen oder versuchen ihnen zu schaden. Einige von ihnen verfügen über Kräfte, welche die Welt aus den Angeln heben können.

Audhumla – Kuh, Urwesen

Eikthynir – Hirsch, nährt sich von Zweigen des Baumes Lärad

Fenris – Wolf, auch Fenriswolf genannt

Freki – Wolf, Begleiter des Gottes Odin

Garm – Hund, bewachte das Totenreich der Germanen

Geri – Wolf, Begleiter des Gottes Odin

Hati – Wolf, der den Mond verfolgt, Fenris' Sohn

Heidrun – Ziege, nährt sich von Zweigen des Baumes Lärad; aus ihrem Euter fließt Met für die Götter und die gefallenen Krieger

Managarm – Hund, der am Jüngsten Tag, dem Ragnarök, den Mond verschlingen soll

Midgard – Schlange

Hugin – Rabe, Begleiter des Gottes Odin

Munin – Rabe, Begleiter des Gottes Odin

Nidhöggr – Drache am Weltenbaum Yggdrasil

Fafnir – Drache, hütet einen wertvollen, aber verfluchten Ring; von Sigurd mit dem Schwert Gram erschlagen

Sährimnir – Eber, der jede Nacht dem Göttergeschlecht der Asen und den Einherjern, im Kampf gefallenen Kriegern, aber auch Odins Wölfen Geri und Freki als sich immer wieder erneuernde Nahrung dient

Skalli – Wolf, der die Sonne verfolgt, Fendris' Sohn

Multikopf-Ungeheuer

Aus irgendeinem Grunde beeindrucken Ungeheuer mit mehr als einem Kopf gewöhnliche Menschen und die Helden in unseren Sagen und Legenden mehr als mit nur einem Haupt ausgestattete Vertreter ihrer Art. Was genau ihre Gefährlichkeit steigert? Sind es mehrere Reihen messerscharfer Zähne in den Mäulern oder die in Vielzahl aktiven bösen Gehirne, die sie so gefährlich und unkontrollierbar machen?

Köpfe *Name* Eigenschaften

3 *Baal* Der führende Dämon der Hölle hat drei Köpfe und somit drei Gesichter: Mensch, Kröte und Katze. Bevor ihn das Christentum als Dämon in die Hölle verbannte, war er ein in Syrien verehrter Wetter- und Fruchtbarkeitsgott.

3 *Bune* höllischer Herzog in Gestalt eines Drachens mit drei Köpfen; Hund, Greif und Mensch. Er wird als einer von 69 Dämonen im *Pseudomonarchia Dæmonum* und als einer von 72 im *Ars Goetia* aufgezählt.

3 *Chimaira* bedeutet im Griechischen eigentlich nichts weiter als Ziege, hier ist aber ein dämonisches Mischwesen mit drei Köpfen gemeint, dass die Unterwelt unsicher macht. Die drei Köpfe sind wie folgt angeordnet: vorne ein Löwe, in der Mitte eine Ziege und am Hinterteil der Kopf einer Schlange. Chimaira stammt aus einer Familie von Mischwesen. Ihre Schwestern sind die neunköpfige Hydra und die Sphinx, ihr Bruder Kerberos bewacht mit seinen drei ausgesprochen bissigen Köpfen den Eingang in die Unterwelt.

3 Kerberos Der auch *Dämon der Grube* genannte dreiköpfige Hund ist der Torhüter der Unterwelt. Seine zahlreichen Köpfe verdankt er der menschlichen Fantasie: Zuerst wurde er mit nur einem Kopf, dann mit dreien und später sogar mit 50 bissigen Häuptern dargestellt. Hinzu kommen ein Schlangenschwanz und etliche Schlangenköpfe auf dem Rücken. Wer die Unterwelt betreten möchte, sollte wissen, dass sich Kerberos sowohl mit Gesang (Orpheus) als auch mit Honigkuchen (Psyche und Aeneas) besänftigen lässt.

3 Fluffy Der große dreiköpfige Hund gehört zur modernsten Ausprägung mythologischer Monster und hütet im Harry-Potter-Roman das Versteck mit dem Stein der Weisen. Vielleicht ist das Tier in direkter Linie mit Kerberos verwandt.

5 Kaliya Die hinduistische Welt der Dämonen ist reich an Extremitäten, und der ausgesprochen boshafte Schlangendämon *Kaliya* muss gewöhnlich mit fünf Köpfen auskommen. Hin und wieder wird Kaliya aber auch mit hundert Häuptern abgebildet. Ohne Kaliya wären Schlangenbeschwörer um eine Auftrittsmöglichkeit ärmer, denn beim jährlichen Fest Naga Panchami feiert man den Sieg von Krishna über die Schlange Kaliya.

8 Yamatanoorochi Der dämonische Schlangendrache der Shinto-Mythologie verlangte jedes Jahr nach einem Mädchen zum Verzehr, wurde aber ein Opfer seiner Gier, als er jedem seiner acht Köpfe ein Fass Reiswein gönnte und vollkommen alkoholisiert einschlief. Gott *Susanoo* nutzte diesen ausgesprochen passiven Zustand und zerlegte das Biest mit dem Schwert in vier Teile, wobei der Europäer nahezu automatisch an Sushi denkt.

9 *Rahu* Sein Name bedeutet im Sanskrit *der Greifer* und in den Vorstellungen Indiens ist es die Schlange Rahu, die nach den Gestirnen greift: Rahu verursacht Mond- und Sonnenfinsternis, indem er die Himmelskörper verschluckt. Dazu verfolgt er die Sterne in einer Kutsche, die von acht schwarzen Pferden gezogen wird. Da er Herr über die neun Planeten ist, waren wohl neun Köpfe vonnöten. Nach der Degradierung von Pluto könnte Rahu jetzt auf einen verzichten.

12 *Sarkany* Der ungarische Riesendrache und Wetterdämon führt eine Ehe mit einer menschlichen Frau, lebt aber in der Unterwelt. Er entstammt der Mythologie der Hunnen, welche einst Pannonia besiedelten. Als Verkehrsmittel benutzt Sarkany Gewitterwolken und er kann Menschen mit einem einzigen Blick versteinern. Über die Anzahl seiner Köpfe könnte man streiten, denn es sind in unterschiedlichen Darstellungen 7,9 oder 12. Der Anzahl entsprechend dürften dann auch Gruppenversteinerungen möglich gewesen sein.

50 *Bedargon* Kaum handgroßer hebräischer Spinnendämon, der an seinen 50 Köpfen immerhin 65 Augen trägt. Auf seinen Körper ist das hebräische Alphabet geschrieben. Nur zwei Zeichen fehlen, nämlich die, welche Tod bedeuten.

50 *Hekatoncheiren* Briareos, Gyges und Kottos, die drei riesenhaften Söhne des Uranos und der Gaia, beleben die griechische Mythologie um einige körperliche Sensationen: Jeder hat 50 Köpfe und darüber hinaus auch noch 100 Hände.

100 *Typhon* Das dämonische Untier der griechischen Mythologie ist der Stammvater einer ganzen Familie von mehrköpfigen Wesen. Gemeinsam mit der erblich vorbelasteten Echidna zeugte er unter anderem den Höllenhund Kerberos und die dreiköpfige Chimaira.

1000 *Andhaka* Der hinduistische Dämon der Blindheit, Unwissenheit und (geistigen) Dunkelheit hat nicht nur 1000 Köpfe, sondern genauso viele Arme und ist zudem bärenstark.

Die Gegenseite: Rachegöttinnen

Die Erinyen oder Erinnyen, auch als Maniai (griechisch: »die Rasenden«) bekannt, später als Eumeniden (die Wohlmeinenden) oder im römischen Reich als Furien bezeichnet, sind die drei Rachegöttinnen in der griechischen Mythologie. Namentlich heißen sie:

- Alekto – die (bei ihrer Jagd) Unaufhörliche
- Megaira – der neidische Zorn – ihr Name ist auch die Quelle für den Begriff *Megäre* als Bezeichnung für eine wütende, tobende Frau
- Tisiphone – die Vergeltung oder die den Mord Rächende

Okkultes in Medien und Alltag

Vielleicht liegt es daran, dass die täglichen Nachrichten über unsere wirkliche Welt ein so großes Horrorpotential entwickelt haben, dass wir in unserer Freizeit »Unterhaltung« voller dämonischer Fratzen und höllischer Bedrängnis brauchen, die in ihrer Schrecklichkeit die Nachrichten noch übertrifft. Die Behauptung: Wir vertreiben reale Furcht mit fiktivem Horror. Nur so können wir uns noch einer gewissen Sicherheit unserer Existenz vergewissern.

Teuflische Filme ohne Ende
z.T. ohne den personifizierten Leibhaftigen

Carrie – Des Satans jüngste Tochter (1976)
Constantine (USA 2005)
Das Haus des Satans (USA 1979)
Das Omen (USA 1976)
Das Omen (USA 2006)
Das Omen II – Damien (USA 1978)
Das Omen III – Barbaras Baby (USA, Großbritannien 1981)

Das Omen IV – das Erwachen (USA 1991)

Der Exorzismus von Emily Rose (2005)

Der Exorzist (1973)

Der Fluch des Dämonen (Großbritannien 1957)

Der Teufel mit den drei goldenen Haaren (Deutschland, Österreich 2009)

Der teuflische Mr. Frost (Frankreich, Großbritannien 1990)

Die Braut des Satans (Großbritannien, Deutschland 1976)

Die Braut des Teufels (Großbritannien 1968)

Die letzte Versuchung Christi (1988)

Die neun Pforten (1999)

Die Prophezeiung (USA 2000)

Die Wiege des Satans (USA 1978)

Dogma (USA 1999)

End of Days – Nacht ohne Morgen (USA 1999)

Evil Altar (USA 1987)

Evil Angel – Engel des Satans (USA 2009)

Fürsten der Dunkelheit (USA 1987)

God's Army – Die letzte Schlacht (USA 1995)

God's Army 2 – Die Prophezeiung (USA 1998)

God's Army 3 – Die Entscheidung (USA 2000)

God's Army 4 – Die Offenbarung (USA 2005)

God's Army 5 – Die Apokalypse (USA 2005)

Gonger – Das Böse vergisst nie (2008)

Gonger 2 – Das Böse kehrt zurück (2010)

Halloween – Die Nacht des Grauens (1978)

Hexen für die Schule Satans (USA 2000)

Hexensabbat (USA 1977)

Highway to Hell (USA 1991)

Im Auftrag des Teufels (USA 1997)

John Carpenter – Fürst der Dunkelheit (USA 2006)

Legende (USA 1985)

Lost Souls – Verlorene Seelen (USA 2000)

Malefique – Psalm 666 (Frankreich 2002)

Pentagramm – Macht des Bösen (USA 1990)

Prime Evil – Im Namen des Satans (USA 1988)

Rosemaries Baby (1968)

Satanas – Das Schloß der blutigen Bestie (Großbritannien 1964)

Teuflisch (USA 2000)

The 18th Angel – Im Namen des Bösen (USA 1998)

The Car – Der Teufel auf Rädern (USA 1977)

The Church (Italien 1989)

The Reaping – Die Boten der Apokalypse (2007)

Unholy – Dämonen der Finsternis (USA 1988)

Unholy (USA 2007)

Warlock – Satans Sohn (USA 1998)

Warlock – The Armageddon (USA 1993)

Welcome to Hell (USA 1990)

Das absolut schrecklichste Werwesen des Jahrhunderts

ist unserer Meinung nach bisher: das »Werkaninchen« (»Were-Rabbit«) in dem Film »Wallace & Gromit: Auf der Jagd nach dem Riesenkaninchen« (UK 2005).

Einige prominente Gespenster

Zu allen Zeiten kamen sie in der Vorstellungswelt vor – vom orientalischen Märchen bis zum satirischen Autorenfilm:

→ Die Dschinns aus 1001 Nacht
→ Das Gespenst von Canterville (Oscar Wilde)
→ Das kleine Gespenst (Otfried Preussler)
→ Hui Buh das Schlossgespenst (Eberhard Alexander-Burgh)
→ Das ängstliche Gespenst (Friedrich Arndt)
→ Die Gespenster in den »Ghostbusters«-Kinofilmen
→ Das Gespenst (Herbert Achternbusch)

Werwesen im Film

Von ihnen ließen sich zahllose zahlende Kinobesucher gern erschrecken:

Titel	Land	Jahr	Regie
The Werewolf	USA	1913	Henry MacRae,
Le Loup-garou	Frankreich	1923	Pierre Bressol
Wolf Blood	USA	1925	George Chesebro
Der Werwolf von London	USA	1935	Stuart Walker
Der Wolfsmensch	USA	1941	George Waggner
The Mad Monster	USA	1942	Sam Newfield
Das unsterbliche Monster	USA	1942	John Brahm
Frankenstein trifft den Wolfsmenschen	USA	1943	Roy William Neill

Titel	Land	Jahr	Regie
Der Wolf von Malveneur	Frankreich	1943	Guillaume Radot
Cry of the Werewolf	USA	1944	Henry Levin
Frankensteins Haus	USA	1944	Erle C. Kenton
Die Rückkehr der Vampire	USA	1944	Lew Landers
Draculas Haus	USA	1945	Erle C. Kenton
Die Werwölfin von London	USA	1946	Jean Yarbrough
Abbott und Costello treffen Frankenstein	USA	1948	Charles Barton
Der Werwolf	USA	1956	Fred F. Sears
Der Tod hat schwarze Krallen	USA	1957	Gene Fowler jr.
El Castillo des los Monstruous	Mexiko	1958	Julián Soler
Der Satan mit den tausend Masken	USA	1958	Herbert L. Strock
Da lacht die Gänsehaut	Mexiko	1960	Gilberto Martínez
Der Fluch von Siniestro	UK	1961	Terence Fisher
Bei Vollmond Mord	Italien/Öster.	1962	Paolo Heusch
Face of the Screaming Werewolf	Mexiko/USA	1964	Jerry Warren
Dr. Terror's House of Horror	UK	1965	Freddie Francis
La Loba	Mexiko	1965	Rafael Baledón
Frankensteins Monster Party	USA	1967	Jules Bass
Galerie des Grauens	USA	1967	David L. Hewitt
Die Vampire des Dr. Dracula	Spanien	1968	Enrique López Egui

Titel	Land	Jahr	Regie
Las Noches del Hombre Lobo	Spanien	1968	René Govar
Die Nacht der Vampire	Spanien	1971	León Klimovsky
O Homen Lobo	Italien	1971	Raffaele Rossi
La Furia del Hombre Lobo	Spanien	1972	José María Zabalza
Die Nacht der blutigen Wölfe	Spanien	1972	León Klimovsky
The Boy Who Cried Werewolf	USA	1973	Nathan Juran
Die Todeskralle des grausamen Wolfes	Spanien	1973	Carlos Aured
Der Werwolf von Washington	USA	1973	Milton Moses Ginsberg
Mondblut	UK/USA	1974	Paul Annett
Die Legende vom Werwolf	UK	1975	Freddie Francis
La Maldición de la bestia	Spanien	1975	Miguel Iglesias
Werewolf Woman	Italien	1976	Rino Di Silvestro
Wolfman	USA	1979	Worth Keeter
The Werewolf	Spanien	1980	Jacinto Molina
American Werewolf	USA	1981	John Landis
Das Tier	USA	1981	Joe Dante
Wolfen	USA	1981	Michael Wadleigh
Ein Werwolf beißt sich durch	USA	1981	Larry Cohen
La Bestia y la Espada Mágica	Spanien/Japan	1983	Jacinto Molina
Monster Dog	Spanien/USA	1984	Claudio Fragasso

Titel	Land	Jahr	Regie
Die Zeit der Wölfe	UK	1984	Neil Jordan
Das Tier II	USA	1985	Phillipe Mora
Transylvania 6-5000	USA/Jugosl.	1985	Rudy De Luca
Der Werwolf von Tarker Mills	USA	1985	Daniel Attias
Teenwolf	USA	1985	Rod Daniel
Monster Busters	USA	1987	Fred Dekker
Teenwolf 2	USA	1987	Christopher Leitch
La croce dalle sette pietre	Italien	1987	Marco Antonio Ando
Wolfmen	Australien	1987	Phillipe Mora
Underground Werewolf	USA	1988	John Carl Buechler
Curse of the Queerwolf	USA	1988	Mark Pirro
Lone Wolf	USA	1988	John Callas
Meine Mutter ist ein Werwolf	USA	1988	Michael Fischa
Howling V	UK	1989	Neal Sundstrom
Final Attack	UK	1991	Hope Perello
Mad at the Moon	USA	1992	Martin Donovan
Full Eclipse	USA	1993	Anthony Hickox
Wolf – Das Tier im Manne	USA	1994	Mike Nichols
Howling VII	USA	1995	Clive Turner
Metal Beast	USA	1995	Alessandro De Gaeta
Shriek of the Lycanthrope	USA	1995	John Schappert
Licántropo: El asesino de la luna llena	Spanien	1996	Francisco R. Gordil
Bad Moon	USA	1996	Eric Red
Werewolf	USA	1996	Tony Zarindast

Titel	Land	Jahr	Regie
Die Wolfsfrau	UK	1996	Ben Bolt
American Werewolf in Paris	USA	1997	Anthony Waller
The Werewolf Reborn!	USA	1998	Jeff Burr
The Wolves of Kromer	UK	1998	Will Gould
Lycanthrope	USA	1999	Bob Cook
Frankenstein vs. the Werewolf Reborn	USA	2000	Jeff Burr
Ginger Snaps – Das Biest in Dir	Kanada	2000	John Fawcett
Wolfgirl	Kanada	2001	Thom Fitzgerald
Dog Soldiers	UK	2002	Neil Marshall
Wolves of Wall Street	USA	2002	David DeCoteau
Darkwolf	USA	2003	Richard Friedman
Underworld	USA	2003	Len Wiseman
Werwolf Warrior – Kampf der Dämonen	Japan	2003	Tomoo Haraguchi
Romasanta – Im Schatten des Werwolfs	Spanien	2004	Paco Plaza
Tomb of the Werewolf	USA	2004	Fred Olen Ray
Van Helsing	USA	2004	Stephen Sommers
Harry Potter und der Gefangene von Askaban	USA, UK	2004	Alfonso Cuarón
Ginger Snaps II – Entfesselt	Kanada	2004	Bett Sullivan
Wild Country	UK	2004	Craig Strachan
Werwolf Warrior 2 – Die Rückkehr	Japan	2004	Tomoo Haraguchi
The Beast of Bray Road	USA	2005	Leigh Scott

Titel	Land	Jahr	Regie
Brothers Grimm	Tschech.USA	2005	Terry Gilliam
Mexican Werewolf	USA	2005	Scott Maginnis
Ginger Snaps III – Der Anfang	Kanada	2005	Grant Harvey
Verflucht	USA	2005	Wes Craven
Big Bad Wolf	USA	2006	Lance W. Dreesen
The Feeding	USA	2006	Paul Moore
Skinwalkers	Kanada	2006	James Isaac
Underworld: Evolution	USA	2006	Len Wiseman
Werewolf in a Women's Prison	USA	2006	Jeff Leroy
Blood and Chocolate	USA	2007	Katja von Garnier
Lycan – Angriff der Werwölfe	USA	2007	Gregory C. Parker
New Moon – Bis(s) zur Mittagsstunde	USA	2009	Chris Weitz
Beilight – Bis(s) zum Abendbrot	USA	2010	J. Friedberg, A. Seltz
Eclipse – Bis(s) zum Abendrot	USA	2010	David Slade
Wolfman	USA	2010	Joe Johnston

Höllische Rocksongs

Rockmusiker sind böse Buben und wilde Mädchen: Schon immer liebäugelte die Rockmusik mit Hölle und Teufel, und nicht umsonst benutzen die Mitglieder der Bands auf der Bühne wie auch das Publikum den »Teufelsgruß«. Logisch, dass der Teufel sowohl in den Titeln der Tracks als auch in den Namen der Bands Fuß gefasst hat:

28 After	Black Devil Disco Club 2006
A Fragile Hope	Devil Sold His Soul – 2007
A Lullaby for the Devil	Dead Soul Tribe – 2007
Devil's Rejects	Original Soundtrack – 2005
Devil	Die Ärzte – 2005
Devils & Dust	Bruce Springsteen – 2005
Devil's Canyon	Molly Hatchet – 1996
Gambling With the Devil/Ltd.	Helloween – 2007
Plagues	Devil Wears Prada – 2007
Queen of Pain	Devil Doll – 2007
Road to Hell	Chris Rea – 1991
Sympathy for the Devil	The Rolling Stones – 1968/2003
The Devil's Rejects	Ost/Rob Zombie – 2005
Hellfire Club	Edguy – 2004
Teufelswerk	Hell – 2009
Ellboy	Hell – 2007
Hell Freezes Over	Eagles – 1994
Highway to Hell	AC/DC
Munich Machine	DJ Hell – 1998
The Devil You Know	Heaven & Hell

There Is a Hell, Believe Me I've
Seen It, There Is   Bring Me the Horizon – 2010
Bat Out of Hell   Meat Loaf – 2001
Heaven & Hell   Black Sabbath
No More Days to Waste   Aloha from Hell – 2009
The Devil You Know   Heaven & Hell – 2009

Filme mit Dämonen in Menschen

So selten Besessenheit in der Wirklichkeit vorkommt, so gern lassen sich Kinobesucher durch Dämonen auf der Leinwand einen angenehmen Gänsehautalarm auslösen.

Deutscher Titel, *Originaltitel,* Regie, Land, Jahr

Der Exorzist, *The Exorcist,* William Friedkin, USA, 1973
Wenn die Gondeln Trauer tragen, *Don't Look Now,* Nicolas Roeg, Italien, Großbritannien, 1973
Die Wiege des Bösen, *It's Alive,* Larry Cohen, USA , 1974
Schwarze Messe der Dämonen, *The Antichrist,* Alberto De Martino, Italien, 1974
Der Exorzist II – Der Ketzer, *Exorcist II: The Heretic,* John Boorman, USA, 1977
Die Wiege des Satans, *It's Alive Again,* Larry Cohen, USA, 1978
Die Hand, *The Hand,* Oliver Stone, USA, 1981
Tanz der Teufel, *The Evil Dead,* Sam Raimi, USA, 1981*
Dämonen 2, *Dèmoni,* Lamberto Bava, Italien, 1985

Dämonen, *Demoni 2 – L'incubo ritorna,* Lambeto Bava, Italien, 1986

Tanz der Teufel II – Jetzt wird noch mehr getanzt, Evil Dead II – Dead by Dawn, Sam Raimi, USA, 1987

Der Exorzist III, *The Exorcist III,* William Peter Blatty, USA, 1990

Armee der Finsternis, *Army of Darkness,* Sam Raimi, USA, 1992

Stark, *The Dark Half,* George A. Romero, USA, 1993

Sin Eater – die Seele des Bösen, *The Order,* Brian Helgeland, USA, Deutschland, 2003

Exorcist: Der Anfang, *Exorcist: The Beginning,* Renny Harlin, USA, 2004

Tears Of Kali, *Tears Of Kali,* Andreas Marschall, Deutschland, 2004

Chain Reaction, *Chain Reaction,* Olaf Ittenbach, Deutschland, 2006*

Succubus – Die Dämonin, *Succubus – Hell Bent,* Kim Bass, USA, 2007

(Quelle: http://www.enctype.de/Daemonen/genre.htm u.a.)

* in Deutschland auf dem Index

Teufelsdarsteller

Die folgenden bekannten Schauspieler haben nicht nur menschliche Rollen, sondern auch den Teufel verkörpert.

Laird Cregar	1943	Heaven Can Wait
Gustaf Gründgens	1960	Faust
Christiane Schröder	1971	Der verliebte Teufel
Danny Elfman	1980	Forbidden Zone
David Warner	1981	Time Bandits
Tim Curry	1985	Legende
Jack Nicholson	1987	Die Hexen von Eastwick
Robert de Niro	1987	Angel Heart
Roberto Benigni	1988	Ein himmlischer Teufel
Jeff Goldblum	1990	Der teuflische Mr. Frost
Jamey Sheridan	1993	Stephen King's The Stand – Das letzte Gefecht
Max von Sydow	1993	Needful Things
Viggo Mortensen	1995	God's Army
Al Pacino	1997	Im Auftrag des Teufels
Gabriel Byrne	1999	End of Days (Nacht ohne Morgen)
Harvey Keitel	2000	Little Nicky
Elizabeth Hurley	2000	Teuflisch
Armin Rohde	2002	666 – Trau keinem, mit dem du schläfst
Rosalinda Celentano	2004	Die Passion Christi
Peter Stormare	2005	Constantine
John Light	2005	The Prophecy: Uprising
Peter Fonda	2007	Ghost Rider

Dave Grohl	2007	Kings of Rock – Tenacious D
Christoph M. Ohrt	2007	Ein Teufel für Familie Engel
Bryan Cranston	2008	Gefallene Engel 3
Tom Waits	2010	Das Kabinett des Dr. Parnassus

Der Teufel in europäischen Märchen

Der Fürst der Hölle gehört wie König, Königstochter und Königssohn, Hexe, Zauberer, Zwerg und Riese, den großen mythologischen Tieren und den ganz einfachen Menschen quasi zum Stammpersonal in der Welt der Märchen. Wenn der Teufel im Spiel ist, wird das Böse konkret greifbar und wirkt direkt auf die menschlichen Helden.

Die Tiere und der Teufel	Finnland
Der gefesselte Teufel	Albanien
Glücklich, der auf den Teufel hofft	Albanien
Der Teufel mit Halftern am Arm	Albanien
Der Teufel als Diakonus	Bulgarien
Der Teufel, der das Flohfell erkannte	Bulgarien
Der Lohn für die Rettung des Teufels	Estland
Hans und der Teufel	Estland
Vom dummen Teufel	Finnland
Wie sich der Teufel eine Seele fängt	Finnland
Der dem Teufel versprochene Königssohn	Finnland
Der Teufel heiratet drei Schwestern	Venetien

(Quelle: www.digitale-bibliothek.de, Inhaltsverzeichnis eines Angebots »Europäische Märchen«)

Bechstein-Märchen mit dem Teufel im Titel

Märchen der Gebrüder Grimm mit dem Teufel im Titel

Teufelsbrücken

gibt es natürlich gleich mehrere. Häufig handelt es sich um gewagte Konstruktionen, bei denen unterstellt wurde, dass der
Teufel zu ihrem Gelingen beitragen musste, weil sie sonst bau-

technisch unmöglich gewesen wären. Zum Beispiel die Teufelsbrücke über die Schöllenenschlucht in der Schweiz: Immer wieder scheiterten Versuche, dort eine Brücke zu errichten, und schließlich rief jemand gefrustet: *»Do sell der Tyfel e Brigg bue!«* Zum Glück verstand der Teufel den örtlichen Dialekt: Da soll der Teufel eine Brücke bauen! Er erschien augenblicklich und schlug den Brückenbauversagern einen Pakt vor: Brücke gegen Seele. Und zwar sollte der Herr der Unterwelt die erste Seele bekommen, die die Brücke überquerte. Das war – ein Geißbock. Der Satan reagierte wenig amüsiert und warf einen riesigen Stein auf das Bauwerk, gut 200 Tonnen schwer. Er warf daneben, der Stein fiel in die Schlucht und heißt seither Teufelsstein.

Weitere Teufelsbrücken:

Aquäduktbrücke bei Tarragona (Spanien), 1. Jh. n. Chr.
Aqüeducte de les Ferreres, Katalonien, Spanien
Brücke bei Eberswalde, Brandenburg
Devil's Bridge, Wales
Pont del Diable (Martorell), Katalonien, Spanien
Pont du Diable (Bellecombe-en-Bauges), Savoie,
    Frankreich
Pont du Diable (Céret), Languedoc-Roussillon, Frankreich
Pont du Diable (Crouzet-Migette), Franche-Comté,
    Frankreich
Pont du Diable (Hérault), Languedoc-Roussillon,
    Frankreich
Ponte del Diavolo (Borgo a Mozzano, Italien)

Teufelsbrücke (Altenstein), Thüringen
Teufelsbrücke (Berlin)
Teufelsbrücke (Deister)
Teufelsbrücke (Egg), Schweiz
Teufelsbrücke (Kassel)
Teufelsbrücke (Mannheim)
Teufelsbrücke (Schöllenen), Schweiz
Teufelsbrücke (Tuxerbach), Östereich
Teufelsbrücke (Wupper), Fußgängerbrücke
    im Bergischen Land
Teufelsbrücke in Céret (Frankreich)
Teufelsgrabenbrücke (München)
Teufelsgrabenbrücke (Potsdam)

Disneys Dämonen

Kaum zu glauben, in der heiteren Welt der ausgewiesen jugendfreien Comics aus dem Hause Disney treiben sich Dämonen herum und sorgen für spannende Geschichten – wenn auch mit ziemlich gebremster Boshaftigkeit. Hier einige Beispiele:

Lustiges Taschenbuch 199
Abenteuer in Pyramontanien
Abenteuer in Pyramontanien (Sirenen)

Lustiges Taschenbuch 242
Wettlauf der Erben
Das Schiff der Dämonen

Lustiges Taschenbuch 262
Dämonische Doppelgänger
Dämonische Doppelgänger

Lustiges Taschenbuch 312
Die Unterwassser-Pillen
Der Dampfschiff-Dämon

Lustiges Taschenbuch 337
Die Superhelden
Der Dämon des Unheils

Lustiges Taschenbuch 350
LTB 350
Im Garten der Witwe Dämonika

Sonderedition 004
Aus dem Leben eines Superstars
Dämonische Doppelgänger

Liste einiger bekannter Vampirfilme

Fast schon seit den ersten Tagen der Kinematographie bringen Vampire den Zuschauern im Kino das Blut zum Stocken, in den ersten Jahrzehnten sogar im Stummfilm.

The Vampire	1913
London after Midnight – (Um Mitternacht)	1927
Nosferatu – Eine Sinfonie des Grauens	1922

Dracula	1931
Das Zeichen des Vampirs	1935
Dracula's Daughter (Draculas Tochter)	1936
Son of Dracula	1943
Frankensteins Haus	1944
The House of Dracula (Draculas Haus)	1945
Bud Abbott and Lou Costello treffen Frankenstein	1948
Dracula	1958
The Horror of Dracula	1958
Dracula und seine Bräute	1960
Und vor Lust zu sterben	1960
Blut für Dracula	1965
Tanz der Vampire	1967
Draculas Rückkehr	1968
Night of the Living Dead	1969
Wie schmeckt das Blut von Dracula	1969
Jonathan	1969/70
Dracula, Nächte des Entsetzens	1970
Nachts, wenn Dracula erwacht	1970
Gruft der Vampire	1970
Der Omega-Mann	1971
Dracula A.D. 1972	1972
Dracula jagt Minimädchen	1972
Graf Dracula	1973
Dracula braucht frisches Blut	1973
Andy Warhol's Dracula, Originaltitel: Blood for Dracula	1974
Die Herren Dracula	1976

Einige bedeutende Filmmonster

Der Alltag kann öde sein: Zwischen Computern und Akten-schränken ist wenig Platz für monströse Gestalten. Wenn schon nicht mehr in der konkreten Erlebniswelt der Menschen, so tauchen sie doch in der Fiktion auf: Die neuen krea-tiven und technischen Möglichkeiten der Filmindustrie sorgen dafür, dass im Schreckenskabinett menschlicher Unterhaltung immer wieder ganz und gar neue Darsteller erscheinen.

Aliens – parasitäre Außerirdische, die Menschen als Brut-platz für ihre Embryos benutzen

Ben – das Nagetier, das im Film »Willard« mit einer ganzen Rattenarmee Los Angeles terrorisiert

Bugs – Insektenmonster aus dem Film »Starship Troopers«

Candyman – die amerikanische Ausgabe des schwarzen Mannes; ausgesprochen mörderischer Bösewicht mit einer Hakenhand. Soll erscheinen, wenn man in einen Spiegel schaut und fünfmal seinen Namen nennt.

Critters – blaupelzige, ausgesprochen invasive Geschöpfe aus dem All, mit spitzen Zähnen und schlechten Manieren

Cujo – tollwütiger Stephen-King-Bernhardiner im Film »Cujo«

Das Biest – verwunschener Prinz, der seine wahre (natür-lich bildhübsche) Gestalt nur dann zurückgewinnen kann, wenn eine Frau ihn trotz seines Aussehens wirklich liebt

Das Ding aus dem Sumpf – Mischwesen aus Pflanze und Tier, Produkt eines missglückten wissenschaftlichen Versuchs, das sein Unwesen in Comics (Swamp Thing) und einem Film treibt

124

Das Phantom der Oper – entstellter Mensch mit mörderischen Tendenzen in den Katakomben, der es nicht mag, wenn man ihn ohne seine Maske sieht

Der Grinch – Weihnachten hassendes, ziemlich grässliches Wesen mit grüner Haut und gutem Kern (feiert schließlich doch Weihnachten)

Der Hulk – der Wissenschaftler Bruce Banner verwandelt sich als Folge eines Unfalls mit radioaktiver Strahlung unter Stress und Aggression in einen grünen, mit Superkräften ausgestatteten Monstermann. Ursprünglich Comic-Figur, bereits mehrfach in Film und TV-Serie aktiv.

Der kopflose Reiter – der Legende nach ein Söldner im amerikanischen Unabhängigkeitskrieg, der seinen Kopf verlor, dennoch aber weiter reitet ...

Der weiße Hai – ausgesprochen verfressenes, aber durchaus lebensecht wirkendes Pappmonster in den »Jaws«-Spielfilmen

Die Außerirdischen aus »Men in Black« – ein wahres Pandämonium an Aliens in allen Formen, Farben und Ausführungen

Die Gremlins – Kuscheltiere namens Mogwai, die a) nicht nass werden dürfen, b) nach Mitternacht nicht gefüttert werden dürfen und, c) kein Sonnenlicht abbekommen dürfen, weil sie sonst zu fiesen Gremlins mutieren, die alles kaputt machen

Die Monster der Monster AG – harte Schale, weiches Herz: Sie erschrecken Kinder nur, um aus ihren Schreien Energie zu gewinnen, von der sie leben, bis sie entdecken, dass Kinderlachen zehnmal so viel Energie enthält.

Frankensteins Monster – das Ergebnis eines ziemlich missglückten Versuchs des Wissenschaftlers Victor Frankenstein, der aus Leichenteilen einen neuen Menschen schaffen will; geistert durch Hunderte von Filmen

Freddy Krüger – der personalisierte Schrecken aus zahlreichen »Nightmare«-Filmen; in entsprechend vielen Albträumen von Kindern und Jugendlichen aktiv

Godzilla – *das* japanische Filmmonster, Mischung aus Drache und Saurier, das in über 20 Filmen Großstädte terrorisiert; meist von einem Menschen im Monsteranzug gespielt

Gollum – Monster aus Tolkiens »Der Herr der Ringe«; ursprünglich ein Hobbit, durch einen Ring in das ausgesprochen hinterhältige und auch sonst widerwärtige Geschöpf Gollum verwandelt

King Kong – Riesengorilla, auf die Zerstörung amerikanischer Großstädte spezialisiert; nur im Vergleich winzige Frauen können ihn bei seinen Tobsuchtsanfällen beruhigen.

Mr. Hyde – die finstere Seite des Wissenschaftlers Dr. Jekyll, der bei dem Versuch, seine unterdrückten animalischen Triebe und Gefühle in sein Gegenstück Mr. Hyde zu verbannen, ein Monster erschaffen hat, dass zunehmend Gewalt über ihn gewinnt

Nessie – einem Dinosaurier ähnelnde Seeschlange aus dem schottischen Loch Ness, welche den lokalen Tourismus stark fördert. Erstsichtung im Jahr 565 durch einen Mönch und einen Fischer. In zahlreichen unscharfen Fotos festgehalten.

Pikachu – japanisches Anime-Monster, quietschgelb, so groß wie ein Gartenzwerg, elektrisch aufgeladen

Predator – außerirdischer Jäger mit beachtlichen Waffenpotential

Shrek – rüpeliger, aber letztlich herzensguter Oger, der eine

Prinzessin vor einem Drachen beschützt und – die Schöne und das Biest – ihre Liebe gewinnen will

Sil – das gefährliche Mischwesen aus Mensch und Alien in dem Film »Species«, das immer auf der Suche nach paarungswilligen Männern ist

Tarantula – Riesenspinne, ein weiteres Ergebnis eines missglückten Laborversuchs

Terminator – Kampfmaschine mit Stahlskelett und nahezu menschlichem Äußeren (Schwarzenegger)

Triffids – ebenso intelligente wie machthungrige fleischfressende Pflanzen, welche die Menschheit mit Blindheit schlagen und die Herrschaft übernehmen wollen

Der böse Mensch

Das Böse ist Realität, eine Welt voller Harmonie und rosa Häschen existiert nur in Wunschvorstellungen. Zu allen Zeiten waren Menschen böse und fügten anderen Schaden zu. Aber oft kennzeichneten diejenigen, die das Gute für sich reklamierten, Unschuldige mit dem Stempel der Bosheit.

Die Bräute Satans: Hexen

Hexen sollen dem Verderber – zumindest in den farbigen Fantasien ihrer Verfolger – in jeder Weise zu Diensten gewesen sein und wurden auf wirklich teuflische Weise für ihre »Untaten« bestraft, auch wenn ihre Schuldeingeständnisse nur durch Folter unter unsäglichen Schmerzen abgepresst waren. Hier eine Liste der »echten« Hexen und Inquisitionsopfer:

Die »Kindhexe« Agatha Gatter – Tochter der in Freiburg als Hexe hingerichteten Ursula Gatter, die aus Angst vor der Folter ein unsinniges Geständnis abgegeben hatte; sie wurde durch den Arzt und Gelehrten Johannes Pistorius vor einer Verurteilung bewahrt.

Die Hexen von Salem (USA) – Die Stadt wurde durch die Hexenprozesse im Jahr 1692 als *The Witch City* bekannt. Einhundertfünfzig »Verdächtige« wurden verhaftet, weitere 200 Menschen der Hexerei beschuldigt und zum Teil gefoltert; 20 »der Hexerei überführte« Männer und Frauen wurden letztlich durch den Strang hingerichtet, ein Opfer auf bestialische Weise durch Zerquetschung mit Steinen.

Elisabeth von Doberschütz – die Ehefrau des früheren Stadthauptmanns von Neustettin Melchior von Doberschütz wurde am 17. Dezember 1591 vor den Toren Stettins enthauptet und verbrannt.

Sidonia von Borcke (1548-1620) – eine pommersche Adelige, wurde wegen Hexerei verurteilt und am 28. September 1620 vor dem Mühlentor von Stettin enthauptet und verbrannt.

Anna Roleffes – genannt »Tempel Anneke«. Die Schankwirtin, Dienstmagd, Heilkundige und Wahrsagerin war eine der letzten Frauen, die in der Stadt Braunschweig als »Hexe« angeklagt und hingerichtet wurde. Sie starb am 30. Dezember 1663 durch das Schwert, ihr Körper wurde verbrannt.

Hester Jonas – »die Meurer«, eine Hebamme und Kräuterkundige, die vermutlich unter Epilepsie litt, wurde 1635 als Hexe verhaftet, gefoltert und 1635 in Neuss enthauptet und verbrannt.

Anna Göldi – die Dienstmagd aus Glarus/Schweiz war die letzte in Europa gefolterte und hingerichtete Hexe und starb im Juni 1782. Ihre unter zweifelhaften Umständen zustandegekommene Verurteilung »als Vergifterin« wurde in ganz Europa als Justizmord angeklagt.

Anna Truels – wurde im 18. Jahrhundert auf der nordfriesischen Insel Nordstrand als der Hexerei überführt verurteilt und verbrannt

Catherine Monvoisin – »La Voisin«, wie sie genannt wurde, sah sich womöglich selbst als Hexe und war auch im heutigen kriminalistischen Sinne alles andere als unschuldig. Um zu Geld zu kommen, stellte sie Horoskope, wahrsagte, nahm Abtreibungen vor und hielt schwarze Messen ab, bei denen sogar Kinder geopfert worden sein sollen. Das Blut der Kinder soll sie für Zaubertränke verwendet haben. Sie und ihr Hexenzirkel belieferten Madame de Montespan, die Mätresse Ludwigs XIV. und dessen Hofgesellschaft, mit Liebestränken und Giften. Durch einen Prozess gegen andere Beschuldigte geriet sie selbst in die Mühlen der Justiz, ihre Schandtaten kamen ans Licht. Zahlreiche Honoratioren – Prinzessinnen, Höflinge und sogar der Scharfrichter selbst – waren in ihre Verbrechen verwickelt. Auf ihrem Grundstück fand man die Überreste von 2500 getöteten Säuglingen.

Maria Holl – die erfolgreiche Gastwirtin, von Neidern als »Hexe von Nördlingen« denunziert, widerstand der Folter während ihres Prozesses 1593/1594 gleich 62 Mal und stand zu ihrem Glauben an Gott. So befreite sie sich selbst – sie wurde freigesprochen – und vermutlich auch die Stadt Nördlingen vom Hexenwahn. Ihre Standhaftigkeit führte zu Zweifeln an den Hexenprozessen und letztlich zum Umdenken von Bürgern und Obrigkeit.

Anna Schnidenwind – war eine der letzten Frauen, die in Deutschland als Hexe öffentlich hingerichtet wurden. Sie wurde am 24. April 1751 in Endingen am Kaiserstuhl im Breisgau erdrosselt und verbrannt. Der 63 Jahre alten Bäuerin wurden der Teufelspakt und Brandstiftung vorgeworfen, wobei letzterer Vorwurf wohl zutreffen könnte: Sie soll den verheerenden Brand von Wyhl am 7. März 1751, dem ein Großteil der Ortschaft zum Opfer fiel, durch Unvorsichtigkeit beim Räuchern ausgelöst haben.

Margaret Barcley – die Dame aus gutem schottischem Hause wurde in Irvine (Ayrshire) als Hexe gefoltert und verurteilt, nachdem sie sich den Untergang eines Schiffes gewünscht hatte, auf dem ihr ungeliebter Schwager unterwegs war – und dieses Schiff tatsächlich versank. Sie wurde 1618 als Hexe stranguliert und verbrannt.

Einige Zutaten der Hexensalben

Die besonderen Erlebnisse, die sich »zauberkundige« Frauen, von der Kirche als Hexen verschrien, durch Nutzung ihres Kräuterwissens verschaffen konnten, erklären sich aus der dramatischen und oft lebensgefährlichen Wirkung der zum Teil hochgiftigen Pflanzendrogen, die verwendet wurden, um so genannte Flugsalben herzustellen. Ihr Gebrauch setzt eine große Portion Bedenkenlosigkeit und eine halsbrecherische Risikobereitschaft voraus.

→ Nicht alle Zutaten waren giftig oder im Sinne einer Droge wirksam, einige zeigen kaum eine oder überhaupt keine tatsächliche, sondern allenfalls eine magische Wirkung wie etwa Pappelzweige, Weihrauch oder Fledermausblut.

→ Gefährlich waren die Rezepturen vor allem deshalb, weil man eine Dosierung nicht in präziser Weise vorschrieb – Pflanzendrogen sind ohnehin schwer in ihrem Wirkstoffgehalt einzuschätzen –, sondern Pi mal Daumen dosierte und verabreichte. Manche der Rezepturen waren derartig ungenau und fragwürdig, dass sie ihre Nutzer eher auf den Friedhof als auf den Hexensabbat brachten.

→ Nicht einmal die Namen der verwendeten Pflanzen waren unmissverständlich angegeben. So kann z. B. die alte Bezeichnung *Eppich* oder *Epfich* für Gemeinen Efeu (Hedera helix), Echten Sellerie (Apium graveolens), Petersilie (Petroselinum crispum) oder Liebstöckel (Ligusticum officinale) stehen.

→ Die Wirkstoffe wurden in eine Salbe eingerührt, welche sich die Hexen entweder über den ganzen Körper oder unter die Achseln strichen. Als Trägersubstanz verwendete man Öl oder Fett, und natürlich unterstellte man von Seiten des Klerus, dass es sich dabei um Kinderfett handelte.

Sollten Sie von irgendwoher (z. B. aus dem Internet) eine alte Rezeptur bekommen: Ihnen müsste bereits klar sein, dass von Selbstversuchen mit den unten aufgelisteten Pflanzen dringend abzuraten ist. Etliche Wissenschaftler haben sich bereits bei derartigen Unternehmungen ums Leben gebracht, weil Wirkungen und vor allem auch Wechselwirkungen der einzelnen Zutaten der alten Rezepturen völlig unkalkulierbar sind.

Betelnuß (Areca catechu) – Arecaidin, Methanol – Rauschdroge, Vergiftungsgefahr

Blauer Eisenhut (Aconitum napellus) – Aconitin, Picroaconitin, Mesaconitin, Hypaconitin, Aconin, Napellin, Neopellin, Neolin – auch Wolfswurz oder Sturmhut genannt; wohl die giftigste Pflanze Mitteleuropas, Lebensgefahr!

Fünffingerkraut – ungiftig – soll Zauber und Flüche brechen können

Gefleckter Schierling (Conium maculatum L.) – Coniin, Conicein, Conhydrin, Pseudoconhydrin, Methylconiin – sehr stark giftig, Lebensgefahr!

Indischer Hanf (Cannabis indica) – THC, Cannabinoide – Rauschdroge

Kalmus (Acorus calamus) – Asarone – bestimmte Pflanzenteile in höherer Dosis halluzinogen, aber giftig

Klatschmohn (Papaver rhoeas L.) – Rhoeadin – leicht giftig

Portulak (Portulaca olecera L.) – ungiftig – altes Gemüse

Schlafmohn (Papaver somniferum) – Morphin, Opiate – Rauschdroge, Suchtgefahr

Schwarzes Bilsenkraut (Hyoscyamus niger) – Hyoscyanin und Scopolamin – Rauschdroge, starkes Gift, Lebensgefahr!

Taumelloch (Lolium temulentum L.) – verschiedene Gifte, Pilzalkaloide – stark giftig, u.a. durch Mutterkorn ähnelndem Pilzbefall der Pflanze

Tollkirsche (Atropa belladonna) – Atropin, Hyoscyanin und Scopolamin – Rauschdroge, starkes Gift, Lebensgefahr

Wasserschierling (Cicuta virosa L.) – Cicutoxin, Cicutol – sehr stark giftig, auch getrocknet, Lebensgefahr!

Weißer Stechapfel (Datura stramonium L.) – Atropin, Hyoscyanin und Scopolamin – Rauschdroge, starkes Gift, Lebensgefahr!

Nicht pflanzliche Zaubermittel:

Fliegenpilz (Amanita muscaria) – Ibotensäure, Muskarin, Muscazon – Rauschdroge, starkes Gift

Behangener Düngerling (Panaeolus sphinctrinus) – Psilocybin und Psilocin – Rauschdroge, starke halluzinogene Wirkung, giftig

Spanische Fliege (Lytta vesicatoria), Käferart – Cantharidin – Potenzmittel, (schmerzhafte) Dauererektionen, Vergiftungsgefahr

Ein sehr gefährliches Flugrezept

In einem alten Zauberbuch findet sich dazu folgendes: Rühre die folgenden Zutaten kunstgerecht zusammen. Die gesamte Menge ergibt zehn Prisen. Eine Prise reicht aus für je einen Flug zum Sabbat.

Extrakt der Betelnuß 3,5 g

Extrakt des Fünffingerkrauts 7 g

Extrakt der Tollkirsche 17,5 g

Extrakt des Bilsenkrauts 17,5 g

Extrakt von Großem Schierling 17,5 g

Extrakt von indischem Hanf 283 g

Extrakt von Spanischer Fliege 4,5 g

Gummi tragacantha indica in ausreichender Menge

Staubzucker in ausreichender Menge

Oleum enantolum 1,2 g (als Geschmacksverbesserer)

Extrakt von Smyrner Öl 7 g (als Geschmacksverbesserer)

Anmerkung:

Nicht zum Nachmachen geeignet. Die Mischung enthält Gifte in sehr gefährlicher Dosierung.

(Quelle: http://www.satanshimmel.de/flugsirup.htm)

Hexen international

Dass Hexen in den Vorstellungswelten fast aller Völker dieser Erde eine Rolle spielen, bedeutet nicht, dass es eine wirksame Hexerei und Männer oder Frauen mit magischen Kräften tatsächlich gab oder gibt. Es deutet eher darauf hin, dass unsere Gehirne unabhängig von Herkunft und Kultur erstaunlich ähnlich funktionieren.

Anguane – freundliche Hexe mit Ziegenfuß in Südtirol und Italien, von schön bis hässlich dargestellt; wäscht ihr Garn in Quellen und Flüssen

Baba Jaga – vielschichtige Frauenfigur in der slawischen Mythologie zwischen Hexe, Waldfrau und mütterlicher Göttin; in Osteuropa beliebte Märchengestalt in unterschiedlichen Rollen, die ihre Gestalt wechseln kann.

Befana – Sie ist sozusagen die Vertretung von Weihnachtsmann oder Christkind in Italien: Der Name *Befana* entstand aus italienisch *Epifania*, dem Name des Festes der Erscheinung des Herrn am 6. Januar. Befana ist ein weiblicher Dämon oder eine Hexe, die in der Nacht vom 5. auf den 6. Januar nach dem Jesuskind sucht, dabei auf ihrem Besen von Haus zu Haus fliegt und, wenn sie schon einmal da ist, Geschenke verteilt. Außerdem bestraft sie (meist kindliche) Missetäter und erschreckt die Menschen durch ihren Spuk.

Cailleachan – hexenartige gälische Sagengestalten aus Schottland, Irland und der Isle of Man; oft Riesinnen, die

Wetterzauber beherrschen; beschützen Tiere und haben Seen, Flüsse, Berge und Inseln erschaffen

Fastnachtshexe – die noch recht neuzeitliche Hexe in der schwäbisch-alemannischen Fastnacht; in Offenburg und Gengenbach seit Mitte der 1930er Jahre bekannt. Ältere Fastnachthexen sind vermutlich die Furtwanger Hexe und die Rußhexe aus Empfingen.

Fuchshexe – gestaltwandlerische Figur in der Sagenwelt u.a. der Alpen; eine menschliche Frau, die sich in einen Fuchs verwandelt, um Böses zu tun

Gwrach y Rhibyn – hässliches altes Weib, Hexe und Todesgeist in der walisischen Mythologie

Jenny Greenteeth – Flusshexe in der englischen Folklore; die Kinder und Senioren ins Wasser ziehen und ertränken soll; wie ihre Berufskollegin Peg Powler (s.u.) mit grüner Haut, langen Haaren und spitzen Zähnen dargestellt

Påskkärring – die schwedische Osterhexe oder, wie ihr Name sagt, das Osterweib (påsk = Ostern, kärring = Weib); fliegt am Gründonnerstag nach der üblichen Hexenart auf ihrem Besen nach Blåkulla, dem Ort, der im Schwedischen dem Brocken oder Blocksberg entspricht

Peg Powler – Hexe in der englischen Folklore mit langen Haaren, grüner Haut und scharfen Zähnen; wohnt in Flüssen und ertränkt mit Vorliebe Kinder

Ragana – litauischer und lettischer Name der Hexe

Yamauba – japanische Berghexe, erbeutet hinterhältig Reisende, die sie verspeist

Yuki Onna – japanische Schneehexe mit Vampirambitionen; tötet mittels Kälte(zauber)

Moderne Hexen und ihre Grundsätze

»Wer diesen Ritualtempel betritt, sollte sich bewusst machen, was Hexen eigentlich sind und was nicht. Wer mit diesen Grundsätzen nicht zurecht kommt, möge diesen Ort unverzüglich verlassen!«

HEXEN
LEBEN IM EINKLANG MIT DER NATUR
HEXEN
ACHTEN ANDERE KULTUREN
HEXEN
HELFEN ANDEREN
HEXEN
LASSEN ANDERE IN FRIEDEN LEBEN
HEXEN
SIND GEGEN GEWALT
HEXEN
SIND KEINE SATANISTEN
HEXEN
TÖTEN KEINE TIERE
HEXEN
SIND KEINE SEKTEN UND KEINE
SEKTENMITGLIEDER
HEXEN
MACHEN WAS SIE WOLLEN,
WENN SIE DABEI KEINEM SCHADEN

Die Hexenrede:

»Tu, was du willst, solange es niemandem schadet!«

(Quelle: http://www.hexen.org/ritualtempel/ritualtempel_hexen1.html)

Hexen in der Fantasie

»When shall we three meet again? In thunder, lightning or in rain?«, dichtete William Shakesspeare in der ersten Szene seines Dramas »Macbeth«, und seinen Hexen folgten in Dichtung und Literatur viele weitere.

Liste fiktiver Hexen

Hexe / Autor / Buch

Bibi Blocksberg / Elfie Donelly / Buch, Hörspiel, Film

Bilwis Babelin / Arnulf Zitelmann / »Unter Gauklern«, Jugendroman

Die Hexe Schrumpeldei / Eberhard Alexander-Burgh / Bilderbuch

Die kleine Hexe / Otfried Preußler / Roman

Drei Hexen / William Shakespeare / »Macbeth«

Elphaba Thropp / Gregory Maguire / Roman «Wicked« und andere

Geloë / Tad Williams / »Das Geheimnis der Großen Schwerter« Roman

Gundel Gaukeley / Walt Disney / Comic

Hermine Granger / Joanne K. Rowling / Harry-Potter-Romane

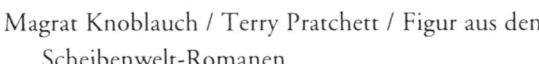

Magrat Knoblauch / Terry Pratchett / Figur aus den
Scheibenwelt-Romanen
Nanny Ogg / Terry Pratchett / Figur aus den Scheiben-
welt-Romanen
Oma Wetterwachs / Terry Pratchett / Figur aus den
Scheibenwelt-Romanen

TV

Sabrina Spellman / TV-Serien »Sabrina – total verhext!«
/ »Simsalabim Sabrina«
Samantha Stephens / »Verliebt in eine Hexe«
Willow Rosenberg / Fernsehserie »Buffy – Im Bann der
/ Dämonen«
Prue, Piper, Phoebe, Paige / Fernsehserie »Charmed –
Zauberhafte Hexen«
Will, Irma, Taranee, Cornelia und Hay Lin / Fernsehserie
»W.i.t.c.h.«

Spielfilm

Deirdre / Little Miss Magic – Die kleine Hexe
Die Hexe von Blair / The Blair Witch Project
Eglantine Price / Die tollkühne Hexe in ihrem fliegenden
Bett
Gillian Hollroyd / Meine Braut ist übersinnlich
Hexe Lilli / Hexe Lilli – Der Drache und das magische Buch
Isabel Bigelow / Verliebt in eine Hexe
Kiki / Kikis kleiner Lieferservice
Louise Miller / Teen Witch
Madam Mim / Walt Disney / Film »Die Hexe und der
Zauberer«

Da steckt der Teufel drin ...

... wenn auch nur als Wort. Eigentlich ist es erstaunlich, wie weit in unserer aufgeklärten Zeit Hölle und Teufel noch eine Rolle spielen. Sie zweifeln daran? Ein Streifzug durch unsere Sprache belegt es vielfach: Das Böse ist immer und überall, Tendenz: zunehmend.

Atomare Hölle – So nennt man in journalistischer Redeweise die Zustände nach einer Atombombenexplosion oder nach einem Supergau in einem Atomkraftwerk.

Höllenberg – Der Höllenberg bei Assmannshausen ist das ideale Rotweinanbaugebiet.

Höllenblitz nennt sich die größte Indoor-Achterbahn der Welt.

Höllenbrand – als Name für eine Weinsorte erwartet man ihn eigentlich nicht, aber der Gundersheimer Höllenbrand gilt als Spitzen-Riesling.

Höllenhund – Gemeint ist nicht immer der Höllenhund Zerberus, sondern im alltäglichen Leben ein einzelner, besonders böser Hund.

Höllenlärm verursachen undisziplinierte Kindertagesstätten in den gut situierten Sterbevierteln deutscher Rentnerstädte.

Höllenmaschine nennt man die Bombe oder den Sprengkörper eines Terroristen oder Selbstmordattentäters.

Höllenotter – Als Höllenotter bezeichnet man eine im Alpenraum verbreitete, zu den Vipern gehörende Giftschlange.

Höllenritt – Als solchen tituliert man einen besonders unbequemen oder gefährlichen Weg auf einem Reittier oder einem zweirädrigen Fahrzeug wie Fahrrad oder Motorrad.

Höllenstein – a) Berg in Niederösterreich, b) alter Name für Silbernitrat, das in Form eines Stiftes zum Entfernen von Warzen verwendet wurde. Der wirkliche Name dürfte damit zusammenhängen, dass Warzen in Zusammenhang mit Hexen und dem Teufel gebracht wurden.

Höllental – Durch das Höllental fährt natürlich die Höllentalbahn.

Höllenqualen – Auch: Tantalosqualen; ursprünglich besonders starke Leiden im Tartaros, der finstersten Abteilung des Hades, der griechischen Unterwelt. Spezialität: keine Hoffnung auf Erlösung.

Höllensprudel – Mineralwassermarke

Höllenteich – im Schlosspark Kassel unterhalb der Teufelsbrücke

Höllenvisionen – optische Wahrnehmungen bei psychisch Gestörten.

Rote Teufel – Die »Roten Teufel vom Betzenberg« werden die Spieler des Bundesligavereins FC Kaiserslautern genannt.

Rote Teufel Bad Nauheim sind eine deutsche Eishockeymannschaft.

Satansbraten – auch Teufelsbraten; Person, häufig Kind, mit erheblicher chaotischer oder krimineller Energie

Satansknall – Knallerbsenmarke

Satansröhrling oder auch **Satanspilz** nennt sich ein zur Gruppe der Röhrlinge gehörender Waldpilz unserer Regionen mit dem lateinischen Namen *Boletus satanas*. In Verruf gebracht hatte ihn seine rote Farbe, vermutlich ist er aber nicht einmal giftig. Man sollte es aber nicht auf einen Versuch ankommen lassen.

Teufel ist im Computerspiel *World of Warcraft* in verschiedenen Gegenständen präsent. Es gibt neben anderen Gegenständen und Orten, folgende Erscheinungsformen des Herrn des Bösen: Teufelsstoff, Teufelsgras, Teufelsstahl, den Teufelswald, eine Waffe namens Teufelsflamme und eine Kopfbedeckung namens Teufelshautkappe, den Teufelssaurier und die Teufelsschuppen und etliches mehr.

Teufelsbach heißt ein winziges, nur 8,30 m langes Bächlein in Bonn-Beuel.

Teufelsberg heißt der knapp 115 m hohe Trümmerberg im Westen Berlins. Sein Name steht in Verbindung mit einem in der Nähe gelegenen Teufelssee.

Teufelsdreck – mit botanischem Namen Asant (*Ferula assa-foetida*) ist eine Pflanzenart in der Familie der Doldenblütler, deren Wurzeln ein stark nach Knoblauch schmeckendes Gummiharz liefert, das in der vorderasiatischen Küche (Afghanistan, Pakistan, Iran, Indien) Verwendung findet.

Teufelsfelsen – Einen Teufelsfelsen gibt es im Schimmelbusch in der Nähe von Remscheid im Bergischen Land. Andernorts wird es sicher weitere geben.

Teufelsfenn ist ein Kesselmoor im Grunewald in Berlin.

Teufelsfische leben im Roten Meer, im Indischen Ozean und im westlichen Pazifik. Ihren Namen verdanken sie den auf Knochenwülsten nach oben hervorstehenden Augen.

Teufelsfleisch – Fleischgericht mit scharfer Rezeptur

Teufelsflieger ist der deutsche Titel eines US-Spielfilms von 1932 sowie der Name eines oder mehrerer Drachenfliegerclubs.

Teufelsflucht ist ein volkstümlicher Name für das segensreiche Johanniskraut, das dem modernen Menschen über leichte Depressionen hinweghilft, dem früher aber sogar die Wirkung zugeschrieben wurde, den Teufel zu vertreiben.

Teufelsfrüchte, auch »Der Schatz der Meere« genannt, spielen in der Manga-Reihe »One Piece« eine Rolle. Jede ist einzigartig und verleiht demjenigen, der sie isst, eine einmalige Fähigkeit. Deshalb sind sie astronomisch teuer.

Teufelsgeiger wurde Niccolò Paganini genannt, weil er so außerordentlich gut Geige spielen konnte. Seine Zeitgenossen waren zum Teil davon überzeugt, dass er sein Geschick, seine unglaubliche Geschwindigkeit und seine starke emotionale Wirkung auf das Publikum einem Teufelspakt verdanke.

Teufelsglanz ist der Name einer Autopolitur.

Teufelsglocke – Eine Glocke im Kölner Dom, welche der Glockengießer Wolf fluchend im Namen des Teufels gegossen hat und die ihn das Leben kostete. Sie wird nur geläutet, um vor Unwettern oder Feuer zu warnen.

Teufelsgraben – Der Teufelsgraben liegt im bayerischen Alpenvorland und ist ein etwa 23 km langer, tiefer Geländeeinschnitt. Weil man sich seine Entstehung nicht erklären konnte, hielt man ihn für ein Werk des Teufels.

Teufelsgruß – In Italien heißt er *mano cornuta*, was so viel wie *gehörnte Hand* bedeutet. In der Metal- und Rock-Szene verbreiteter Gruß unter den Namen *Devil horns* oder *Metal Fork* oder eben Teufelsgruß bekannt. Diese Art sich zu begrüßen ist nicht etwa eine neue Erfindung; erstmals taucht die gehörnte Hand auf etruskischen Grabsteinen auf. Sie wird vielfach als Zeichen der Zugehörigkeit zu satanistischen Kreisen ge- oder auch missdeutet.

Teufelshähnchen – kein junges männliches Huhn mit Hörnern, sondern ein scharfes Geflügelgericht

Teufelshöhle – Eine Teufelshöhle gibt es bei Pottenstein in Oberfranken und bei Steinau in Hessen und sicher auch noch anderswo.

Teufelsinsel – Über 100 Jahre als Gefängnis genutzte Insel 13 Kilometer vor der Küste Französisch-Guyanas.

Teufelsintervall – Der Tritonus, die übermäßige Quarte, gilt wegen ihrer geheimnisvollen Disharmonie als Verkörperung des Teufels in der Musik.

Teufelskicker – Ein Kinder- und Jugend-Fußballportal im Internet trägt den teuflischen Namen www.teufelskicker.de.

Teufelskralle – Die afrikanische Pflanze verdankt ihren Namen der Form ihrer Früchte. Bestandteile ihrer Wurzel werden gegen Arthrose und Gelenkbeschwerden verwendet.

Teufelskreis – Der Teufelskreis heißt auch *circulus vitiosus* (»schädlicher Kreis«) und bezeichnet einen Ablauf, der zwangsläufig zu einer Katastrophe führen wird.

Teufelsküche – Gemeint ist hier nicht des Teufels Küche, in die man geraten kann, sondern die Teufelsküche, ein mit eiszeitlichen Steinblöcken übersätes Gebiet im Günztal, das als Küche des Teufels gedeutet wird.

Teufelsloch – Loch in einer senkrecht stehenden Felswand in der Schweiz, das der verärgerte Teufel wegen einer verlorenen Wette geschlagen haben soll.

Teufelsmauer – Dies ist der Name einer beeindruckenden Felsformation im nördlichen Harzvorland, welche von Sandsteinbrocken der oberen Kreidezeit gebildet wird. Mit ihr werden verschiedene Teufelslegenden in Verbindung gebracht; unter anderem soll sie gebaut worden sein, weil der Teufel sich mit Gott die Welt teilen wollte, darf also als eine Betaversion der Berliner Mauer verstanden werden.

Teufelsmoor – So heißt eine Moorlandschaft in Niedersachsen im Landkreis Osterholz nördlich von Bremen. Der Name Teufelsmoor soll aber nicht mit dem Herrn des Bösen zusammenhängen, sondern von *doofes Moor* (taubes Moor) stammen.

Teufelsmühle heißt ein 908 Meter hoher Berg im Nordschwarzwald. Seinen Namen bekam er nach einer Legende, die besagt, dass der Teufel dort aus herumliegenden Steinblöcken eine Mühle bauen wollte.

Teufelsmühle – Eine weitere Teufelsmühle gibt es im Teufelsgrund, einem Tal im bayerischen Vorspessart. Dort wird ein Jagdhaus so genannt. Ehemalige Teufelsmühlen finden sich im Vogelsberg und im Zittauer Gebirge. Ebenfalls Teufelsmühle heißen ein unterirdischer Abfluss des Funtensees im Berchtesgadener Land und ein Wasserfall in der Bayerischen Rhön.

Teufelsnadel heißt auch ein Gipfel im Rilagebirge in Bulgarien.

Teufelsnadel oder **Teufelsbolzen** wurden Libellen in der irrtümlichen Annahme genannt, sie seien gefährliche und für Menschen schädliche Insekten. Eine derartige Bezeichnung brachte sie teuflischerweise in Misskredit.

Teufelsnase (Nariz del Diablo) heißt ein 100 Meter hoher, auffälliger Felsvorsprung über der Schlucht des Rio Chanchán in Ecuador.

Teufelsohrensalat wird der Pflücksalat *Cerbiata Hussarde* vermutlich wegen der Form seiner Blätter genannt.

Teufelspakt – Ein Vertrag mit dem Teufel, meist auf der Basis Privileg, Geld oder Ware gegen Seele; einen Teufelspakt hat Goethes Dr. Faustus geschlossen.

Teufelspfad wird ein Wanderweg im Harz genannt, der zur Teufelsmauer führt.

Teufelspfanne heißt ein würziges Pfannengericht.

Teufelspfeffer wird eine Pflanze genannt, die zur Gattung der Schlangenwurz-Gewächse gehört.

Teufelsquadrat heißt ein von Harry Sneed entwickeltes Modell zum Projektmanagement.

Teufelsrachen oder *Garganta do Diablo* nennt man eine Engstelle einer Schlucht im Gebiet der Iguazu-Wasserfälle in Brasilien, durch die bis zu 13.000 Kubikmeter Wasser pro Sekunde 70 Meter tief stürzen.

Teufelsrochen (Mobulinae) sind in den tropischen und subtropischen Meeren lebende, erdgeschichtlich sehr alte Fischarten. Der Mantarochen dürfte der bekannteste sein. Anders als ihre Bezeichnung glauben machen könnte, fressen Teufelsrochen überwiegend Plankton und allenfalls kleine Fische.

Teufelsrutsche werden verschiedene Sensationen auf Jahrmärkten oder im Vergnügungspark genannt.

Teufelssalat – Mit diesem Begriff bezeichnet man Salatkreationen unterschiedlicher, aber immer scharfer oder stark gewürzter Art. Ähnliches gilt für die **Teufelssuppe**.

Teufelsschlucht – Vermutlich wird es viele verschiedene Teufelsschluchten geben, hier soll eine für alle stehen: die Teufelsschlucht in der Eifel in der Nähe des Ortes Irrel.

Teufelssee – Der relativ kleine Teufelssee in Berlin-Köpenick ist ein Relikt der Eiszeit. Legenden besagen, dass am Ufer des Gewässers ein Teufelsaltar gestanden haben soll.

Teufelssee – Der ebenfalls aus der Eiszeit stammende Teufelssee Nr. 2 liegt im Grunewald, ist etwas größer als der erste und gab dem Teufelsberg seinen Namen. An ihm soll eine heidnische Kultstätte gelegen haben.

Teufelsstein – Um den Dreikönigenschrein mit den Reliquien der Heiligen zu zerstören, schleuderte der Teufel einen schweren Stein auf das Dach des Kölner Doms. Doch obwohl er gut gezielt hatte, traf er den Schrein nicht, weil Gott das Geschoss des Teufels ablenkte, und so schlug der Stein in die Wand des Domes ein, wo er bis heute steckt.

Teufelssteine – Sie findet man in Hünxe, wo der Satan vor Jahrhunderten riesige Felsbrocken durch die Luft geschleudert haben soll, um die Kirchen im Ort zu zerstören. Er warf zu ungenau, und seine Projektile schlugen im Hünxer Wald ein.

Teufelstonne wurde ein mathematisches 3D-Knobelspiel genannt, das Ähnlichkeiten mit dem Zauberwürfel hat.

Teufelszahl – So wird allgemein die Zahl 666 bezeichnet. Sie wird bereits in der Offenbarung des Johannes in der Bibel erwähnt und auch *Zahl des Tieres* oder *Zahl des Antichristen* genannt.

Teufelszeug – Als Teufelszeug bezeichnet man Getränke, Lebensmittel oder andere Materialien mit (lebens-)gefährlichen Wirkungen.

Teufelszunge, botanisch *Amorphophallus konjac* ist eine Pflanzenart aus der Familie der Aronstabgewächse (Araceae), aus der in Japan Nahrungsmittel hergestellt werden.

Okkulte Praktiken

Verfahren und Rituale, die in esoterisch-magischen Kreisen gang und gäbe sein sollen:

Astrologie – der Glaube an den Einfluss der Gestirne auf Weltgeschehen und Schicksal

Aura-Glaube – die Vorstellung einer feinstofflichen Hülle von Menschen und anderen Lebewesen

Gläserrücken – das Ritual der Kontaktaufnahme zu Geistern mittels Gläsern

Handlesen (Chiromantie) – Präkognition mit Hilfe bestimmter Handlinien

Hellsehen (Präkognition) – die Fähigkeit, in Raum oder

Zeit verschobener Wahrnehmung in Vergangenheit, Gegenwart und Zukunft; Hilfsmittel sind Pendel, Tarotkarten, Glaskugeln o. ä.

Levitation – Schweben oder Fliegen durch Meditationstechniken oder Bewusstseinsveränderung

Materialisation – Erscheinen und Verschwinden (Dematerialisation) von Gegenständen, ohne erkennbare äußere, physikalische begründbare Ursache

Pendeln – Krankheitsdiagnose oder Kontaktaufnahme mit Übersinnlichen mit Hilfe eines schweren Gegenstands an einer Kette oder Schnur

Radioästhesie – die Wahrnehmung von Erdstrahlen, Wasseradern und Kraftfeldern mit Hilfe von Wünschelruten oder Pendeln

Reinkarnation – der Glaube an eine Wiedergeburt der Seele in einem neuen Körper nach dem Tod

Schwarze Messen – anti- oder areligiöse Veranstaltungen, die selbst Zeichen religiöser Rituale tragen

Telekinese/Psychokinese – Bewegung von Gegenständen durch übersinnliche Kräfte

Telepathie – in geistigen Kontakt mit anderen Personen treten, deren Gedanken, Gefühle, Hoffnungen und Ängste spüren und Informationen übertragen können

Tischrücken – Ritual der Kontaktaufnahme zu Geistern durch eine Tischrunde

Ufologie – der Glaube an Kontakte zu Außerirdischen

Zaubersprüche

Eine wunderbare Sammlung moderner Zaubersprüche findet sich hier:

www.hexen.org/hexenraum/archiv_hexensprueche.html

Weder diese Website noch der Autor übernehmen irgendwelche Garantien für deren Wirkung und etwaige Folgen!

Einige Hexentanzplätze

Nicht nur in der Walpurgisnacht sollen sich Hexen an besonderen Orten versammelt haben, um mit ihren finsteren Gefährten bei lodernden Feuern zu feiern …

auf dem Dieke bei Fröndenberg	Nordrhein-Westfalen
auf dem Kieler Kahlenberg	Schleswig-Holstein
auf dem Pirchboden bei Lengstein, Tirol	Italien
auf der Heide in Wimbern, Wickede	Nordrhein-Westfalen
auf der Lehmkuhlen bei Unna	Nordrhein-Westfalen
auf dem Wolfgraben bei Pützfeld, Ahr/Eifel	Rheinland-Pfalz
bei Ober-Oenkfeld (Radevormwald)	Nordrhein-Westfalen
beim Gehöft Kamp (Radevormwald)	Nordrhein-Westfalen
auf dem Brocken/Harz	Sachsen-Anhalt
auf dem Altenhof bei Eistringhausen (Radevormwald)	Nordrhein-Westfalen
auf der Hexmatt in Pratteln (Basel-Land)	Schweiz
Ullrichblick bei Walkenried/Südharz	Niedersachsen
auf dem Hexentanzplatz bei Mihla	Thüringen

auf dem Hexentanzplatz bei Treuchtlingen	Bayern
am Hexenteiche, Menden	Nordrhein-Westfalen
im Spatten bei Wangen, Südtirol	Italien
in der Latsag und auf den Purenwiesen, Meran	Italien
auf dem Kesslertanz bei Büdingen	Hessen
auf dem Kirchhof in Schwitten, Menden	Nordrhein-Westfalen
auf dem Klölingnock im Nockalmgebiet	Salzburger Land (Österreich)
am Romberg (Rodenberg), Menden	Nordrhein-Westfalen
auf dem Roßwagen und Riggermoos, Südtirol	Italien
in Thale/Harz	Sachsen-Anhalt
auf der Wiese zwischen Bock und Klauberg bei Solingen	Nordrhein-Westfalen
auf dem Tanzplatz bei Woithessel	Niederrhein

Ein Hexenring

ist keine Vereinigung gleichgesinnter Hexen, sondern eine kreisförmige Anordnung von Pilzen an einem Standort. Hexenringe bilden sich, weil das unterirdische Myzel eines Pilzes in alle Richtungen gleich schnell wächst und beim Erreichen eines bestimmten Durchmessers Fruchtkörper – die oberirdischen Pilze – bildet.

Der Hexenhammer

Der von den beiden als Inquisitoren tätigen Dominikaner-mönchen Jakob Sprenger und Heinrich Kramer verfasste »Hexenhammer«*, ein Traktat über den Umgang mit Hexen, auch unter dem Namen »Malleus Maleficarum« bekannt, wurde im Jahre 1487 veröffentlicht und in der Folge das »Standardwerk zur Hexenverfolgung.

Es schildert alle Ausprägungen und Vergehen des Hexenwesens und gibt detaillierte Anleitungen für die Hexenverfolgung und -ausrottung – eine gedruckte Legitimation für die fragwürdigen und menschenverachtenden Urteile der »christlichen« Hexenjustiz.

Der »Hexenhammer« benennt Fakten, Ereignisse und Aussagen über eine Person, die als Schuldbeweis für Hexerei gedeutet werden könnten, wobei Gerüchte durchaus genügten und bereits heftiges Leugnen einer Verbindung mit dem Bösen als Hinweis für die Schuld gedeutet wurde.

Weiter beschreibt der Text, was bei der Ausübung der Hexerei geschieht und benennt die »Verbrechen«: Hexenflug, Schadenszauber, Teufelsanbetung, Bündnis mit dem Herrn des Bösen und sexuelle Vereinigung mit dem Teufel.

Besonders Frauen wurden von Seiten der kirchlichen Inquisitoren verfolgt und unter dem Vorwand der Schadenszauberei für Krankheiten bei Mensch und Vieh oder Naturkatastrophen wie Gewitter und Überschwemmungen verantwortlich gemacht.

---

* Der Hexenhammer wurde lt. neueren Forschungen möglicherweise auch von Heinrich Kramer allein verfasst.

Die Impotenz des Mannes, die Unfruchtbarkeit und Fehlgeburten bei Mensch und Tier sollten Folge von Hexerei sein.

Auch Menschenopfer – vor allem von Babys und Kleinkindern – wurden den Hexen unterstellt.

Schließlich ergeht sich der »Hexenhammer« ausführlich in geeigneten Verhör-, Folter- und Hinrichtungsmethoden für Hexen, wobei den so genannten Hexenproben, fragwürdigen Verfahren, um festzustellen, ob eine Person eine Hexe ist, breiter Raum gegeben wurde.

Auch unter Folter gewonnenen Denunziationen wurde nachgegangen, die betreffenden Personen wurden selbst angeklagt und zu Opfern der Inquisition.

Menschen mit Teufelsnamen

Etwa 3000 Menschen in Deutschland tragen den Nachnamen Teufel. Wenn *nomen* wirklich *omen* wäre, müsste all diese Menschen irgendetwas Satanisches verbinden. Z.B. diese Herrschaften:

Fritz Teufel, APO-Aktivist und Revolutionär
Fritz Teufel, Leichtathletik- und Fußballtrainer
Ernst Teufel, Autohändler in Ahlen/Westfalen
Erwin Teufel (CDU), Ex-Ministerpräsident von
    Baden-Württemberg
Franz Teufel, Motorradhändler in Filderstadt
Horst Teufel, Maler in Filderstadt

Horst Teufel, Schornsteinfeger in Rheinmünster
Philipp Teufel, Professor für Grafik-Design
Pfarrer Teufel, Gottesmann in Höll/Österreich

Teufelsangriff auf den Papst?

25.12.2009

Bei der Christmette im Petersdom reißt die geistig verwirrte
Susanna Maiolo (25) den Papst Benedikt XVI. (82) zu Boden.
Der Papst bleibt unverletzt, die Angreiferin wird überwältigt.
Der Heilige Vater setzt die Christmette fort. Der Chef-Exor-
zist des Vatikans, Pater Gabriel Amorth: »Am Weihnachts-
abend kämpfte der Papst mit dem Teufel. Satan warf ihn zu
Boden.«

Die schlimmsten Päpste

Bei manchem der schwarzen Schafe auf dem Thron Petri fragt
man sich, ob die Verbindung nach ganz oben vielleicht weniger intensiv gewesen sein könnte als die zur höllischen Unterwelt. In der 2000-jährigen Geschichte des Papsttums gab es
nämlich neben den Stellvertretern Gottes auf Erden, die nach
den Grundsätzen der Kirche lebten, auch etliche, von denen
man vermuten könnte, sie seien als Doppelagenten von Satan
persönlich in den Vatikan entsandt worden.

Alexander VI. – Papst von 1492 bis 1503; orderte jede
Nacht 25 Lustdienerinnen in seine Gemächer; soll ein Ver-
hältnis mit seiner Tochter Lucrezia Borgia gehabt haben, die

für ihn Gift mischte, mit dem etliche Gegner beseitigt wurden; feierte Orgien mit kleinen Jungen.

Benedict VIII. – Papst von 1012 bis 1024; zeugte etliche Kinder mit Nonnen und zwei seiner Nichten.

Benedikt IX. – mehrfach Papst zwischen 1032 und 1045; er war gleich dreimal Papst, weil er sein Amt zwei Mal verkaufte und dann wieder übernahm.

Gregor XVI. – Papst von 1831 bis 1846; könnte möglicherweise der Vater von einigen der sieben Kinder sein, welche die Frau seines Barbiers gebar, deren Quartier direkt in seinen Privatgemächern eingerichtet wurde.

Honorius II. – Papst von 1124 bis 1130; liebte Frauen, Knaben und Tiere.

Innocenz I. – Papst von 401 bis 417; liebte kleine Mädchen.

Innocenz VIII. – Papst von 1484 bis 1492; verging sich unter anderem an seinen eigenen acht Töchtern.

Innozenz IV. – Papst von 1243 bis 1254; quasi der Erfinder der Inquisition; erklärte in einer päpstlichen Bulle Folter zum legitimen Mittel der Wahrheitsfindung; er soll sogar selbst gefoltert haben.

Johannes XII. – Papst von 955 bis 964; vergewaltigte Pilgerinnen im Petersdom; ernannte einen zehnjährigen Jungen, der ihm vermutlich sexuell zu Willen war, zum Bischof von Todi. Tat sich als Spieler hervor, griff in die Kasse des Vatikans, huldigte dem Satan. Er wurde von einem eifersüchtigen Ehemann erschlagen.

Johannes XV. – Papst von 985 bis 996; war korrupt und bestechlich, raubte Kirchenvermögen und verteilte es unter seinen Anhängern.

Julius III. – Papst von 1550 bis 1555; machte seine beiden Söhne als Belohnung für erotische Dienstleistungen zu Kardinälen.

Klemens VII. – Papst von 1523 bis 1534; trieb Misswirtschaft und ließ diplomatisches Geschick vermissen; durch sein Versagen brachte er Kaiser Karl V. dazu, die Stadt Rom anzugreifen und zu zerstören.

Leo X. – Papst von 1513 bis 1521; sprach den Kirchenbann über Martin Luther aus; vergiftete vermutlich einige Kardinäle.

Paul II. – Papst von 1464 bis 1471; fühlte sexuelle Erregung, wenn nackte Männer gefoltert wurden; trieb es mit Knaben und starb beim homosexuellen Verkehr.

Sergius III. – Papst von 904 bis 911; er ließ seine Amtsvorgänger ermorden; zeugte mit seiner Mätresse Theodora I. eine Tochter namens Marozia, mit der er wiederum einen Sohn hatte, der später als Johannes XI. Papst wurde.

Sixtus III. – Papst von 432 bis 440; hielt sich etliche Nonnen zu Diensten.

Stefan VI. – Papst von 896 bis 897; schändete die Leiche seines Vorgängers, wurde zum Tod durch den Strang verurteilt.

Urban VI. – Papst von 1378 bis 1389; ließ mehrere Kardinäle foltern und ermorden, von denen er glaubte, sie hätten sich gegen ihn verschworen.

Was Satanisten nachgesagt und unterstellt wird

→ die eigenen Babys zu töten
→ ein Gefühl der Omnipotenz
→ Tieropfer, Tiere umzubringen
→ sich nur in Schwarz zu kleiden, schwarze Kutten zu tragen
→ Chaos zu schaffen
→ Kinder zu zwingen, Katzen mit Ritualdolchen zu töten
→ Menschenopfer zu bringen
→ Kannibalismus
→ ihre eigenen Töchter von einem Ziegenbock besteigen
   zu lassen
→ Mädchen rituell vergewaltigen und vergewaltigen zu lassen

Die atomare Hölle

Die Atomwaffenarsenale der Erde reichen vermutlich aus, die Menschheit viele tausend Male zu vernichten. Man spricht von der *Mehrfachvernichtungskapazität* oder vom *Overkill.* Oder von der atomaren Hölle.

Länder mit Kernwaffen
Anzahl der Bomben und Sprengköpfe nach
offiziellen Angaben:

Großbritannien: 225
USA: 5113

Nach Schätzungen der Federation of American Scientists 2009:

China: ≈ 180
Frankreich: ≈ 300
Großbritannien: ≈ 160
Russland: ≈ 13.000 (4.830 einsatzfähig)
USA: 9.400 (2.700 einsatzfähig)

2008:

Indien: ≈ 50
Israel: ≈ 80
Pakistan: ≈ 60
Nordkorea: < 10

Nach Angaben der Stiftung Carnegie Endowment for International Peace waren es 2007:

China: 410
Frankreich: 350
Großbritannien: 200
Russland: ≈ 16.000
Vereinigte Staaten: ≈ 10.300
Indien: ≈ 75 bis 110
Israel: ≈ 100 bis 170
Pakistan: ≈ 50 bis 110

(Quelle: Wikipedia)

B-Waffen

Bakterien und andere Krankheitserreger sind gefährlich genug, zum Teil tödlich. Höllisch gefährlich aber sind Menschen mit der Absicht, Krankheitserreger als Waffen einzusetzen. Die folgenden Erreger halten Militärs in Bereitschaft:

Bakterien

Bacillus anthracis (Sporen)	Lungenmilzbrand
Brucella suis, Brucella melitensis	Brucellosen
Burkholderia mallei / Burkholderia pseudomallei	Rotz / Melioidose
Coxiella burnetii	Q-Fieber
Francisella tularensis	Tularämie
Yersinia pestis	Lungenpest

Viren

Variola Virus	Pocken
Ebola-, Marburg-, Lassa-Viren	Lassa-Fieber virale hämorrhagische Fieber
Venezuelanischer Pferde-enzephalitis-Virus	Venezuelanische Pferdeenzephalitis (VEE)

Toxine

Botulinumtoxine	Botulismus
Ricin	Ricin-Intoxikation
Staphylokokken-Enterotoxin B (SEB)	SEB-Intoxikation

Die Staaten Ägypten, China, Irak, Iran, Indien, Israel, Libyen, Nordkorea, Pakistan, Syrien, einige Nachfolgestaaten der Sowjetunion und Taiwan sollen über B-Waffen verfügen.

C-Waffen

Nervenkampfstoffe

Dimethylphosphoramidocyansäureethylester	Tabun
Methylfuorphosphonsäureisopropylester	Sarin
Methylfluorophosphonsäure	Soman
O-Ethyl-S-(2-(diisopropylamino)-ethyl)methylthiophsphonat	VX

Hautkampfstoffe

Dichlordiethylsulfid	Lost, Yperit, S-Lost, Senfgas
Trichlortriethylamin	Stickstoff-Lost
Chlorvinyldichlorarsin	Lewisit

Blutkampfstoffe

Cyanwasserstoff	Blausäure
Chlorcyan	Cyanchlorid
Arsenwasserstoff	Arsin

Lungenkampfstoffe

Trichlornitromethan	Chlorpikrin

Carbonylchlorid	Phosgen
Chlorameisensäuretrichlor-methylester	Diphosgen

Psychokampfstoffe

Chinuclidinylbenzilat	BZ
LSD	
Meskalin	
Tryptaminderivate	

Augenreizstoffe

Bromaceton
Chloracetophenon
o-Chlorbenzylidenmalodinitril

Nasen-Rachenreizstoffe

Diphenylarsinchlorid	Clark I
Diphenylarsincyanid	Clark II
Phenarsazinchlorid	Adamsit

Über C-Waffen verfügen vermutlich Ägypten, Indien, Irak, Iran, Libyen, Nordkorea, Pakistan, Syrien, Russland und die USA.

Kernschmelze: die Hölle im Atomkraftwerk

Unerträglich, tödlich strahlend, außerhalb der menschlichen Kontrollmöglichkeit: erstaunlich, wie nahe die Zustände im geschmolzenen Kern eines havarierten Reaktors mittelalterlichen Vorstellungen von der Hölle nahekommen dürften.

21. Januar 1969
Versuchsatomkraftwerk Lucens / Schweiz (8 Megawatt) – Kernschmelze und Brennelemente-Brand

28. März 1979
Harrisburg / Three Mile Island / USA (880 Megawatt) – Kernschmelze, auf den Reaktordruckbehälter beschränkt

26. April 1986
Tschernobyl / Ukraine – katastrophaler Reaktorunfall, totale Kernschmelze, Knallgasexplosion, Graphitbrand – der bisher schwerste nukleare Unfall der Geschichte

11. März 2011
Kernkraftwerke Fukushima und Onagawa – Kernschmelze in mehreren Reaktoren;

Endzeitliches

Noch nie haben Menschen dem Frieden getraut: Wie das eigene Leben, so muss auch die gesamte Welt auf ein zeitliches Ende zusteuern, so die Ahnung des nachdenkenden Menschen vermutlich schon seit Urzeiten. Auch bei blauem Himmel und perfekten Lebensbedingungen drängen sich dem unruhigen menschlichen Geist Vorstellungen von einem möglichen Ende immer wieder auf. Das erschreckt und beunruhigt uns, aber zugleich fasziniert es uns, über die dabei möglichen Varianten zu spekulieren.

Keine gute Prognose — mögliche Weltuntergänge

Nein, der Planet selbst ist in vielen der hier aufgezählten Versionen eines Weltenendes nicht unbedingt in Gefahr, oft ist es »nur« die Menschheit. In vielen Fällen wird sich unsere Erde wie ein nasser Hund schütteln, und eine neue, möglicherweise mit besseren intellektuellen Fähigkeiten ausgestattete Art wird unseren Platz einnehmen. Vielleicht werden es die Küchenschaben sein, denn die haben eine beachtliche Resistenz gegenüber Radioaktivität. Es gibt allerdings auch Versionen der Apokalypse, bei denen so gut wie gar nichts mehr zurückbleibt …

Atomkrieg – verschiedene Nationen der Erde bekämpfen sich mit Nuklearwaffen, lösen einen nuklearen Winter aus und machen die Erde für Menschen unbewohnbar.

Computer übernimmt die Weltherrschaft – ein ursprünglich zum Nutzen für die Menschen gebauter Großrechner erkennt die Art Homo Sapiens als schädlich für das Ökosystem oder für sich selbst und rottet sie aus.

Der Fall Asterix tritt ein – der Himmel fällt uns auf den Kopf.

Der jüngste Tag – die Katholiken haben doch recht und Gottvater setzt dem sündigen Treiben der Menschheit ein Ende.

Die geschlechtliche Vermehrung gelingt nicht mehr – immer mehr Männer werden durch ungewollt hormonell wirksame Produkte der Chemieindustrie unfruchtbar, die Todesrate übersteigt die Zahl der Geburten dramatisch.

Die globale Chemiekatastrophe – dem teuflischen Cocktail aus bereits natürlich vorhandenen Substanzen und von der menschlichen Chemieindustrie geschaffenen neuen Molekülen entsteigt ein Supergift.

Endknall – die Physiker und Astronomen haben unrecht, ihre Theorien gehören in den Papierkorb und das Universum kollabiert nicht erst in 50 Milliarden Jahren; das All und/oder sein Schöpfer entscheiden sich für ein plötzliches apokalyptisches Ende.

Genetischer Verfall – die Menschheit verliert entweder durch selbstverschuldete Schädigungen in ihrem Genom oder durch eine sicherheitshalber implementierte natürliche Uhr ihre genetische Gesundheit und stirbt als Art aus.

Genmanipulation – den an einer »genetischen Optimierung« der Erde arbeitenden »Wissenschaftlern« passiert der biologische Supergau, indem sie einen Regelkreis aus dem Gleichgewicht bringen, von dem die Existenz der Menschheit abhängig ist.

Himmelskörper trifft die Erde – ein ausreichend großer Meteorit, Komet oder Planetoid kreuzt die Bahn der Erde und trifft sie; sie bricht auseinander oder taumelt, verlässt ihre Bahn und stürzt in die Sonne.

Intelligenzverlust – die führende Elite oder die Masse der Menschen erreicht einen solchen Grad an geistiger Abstumpfung, dass die Existenz der Menschheit durch Wahnsinnsaktionen oder schwerwiegende Fehlentscheidungen (Atomenergie) in Gefahr gerät.

Klimakatastrophe – durch natürliche oder vom Menschen verursachte Klimaveränderung wird die Erde für Menschen unbewohnbar.

Kosmische Strahlung – Ereignisse in den Tiefen des Universums oder im Sonnensystem verändern das kosmische Strahlenniveau so stark, dass Menschen trotz der Schutzwirkung der Atmosphäre nicht mehr auf der Erde existieren können; vielleicht trifft ein Gammablitz aus nächster Nähe (kleiner als 500 Lichtjahre) die Erde und führt zu einem Massensterben.

Misslungenes Experiment der Atomphysik – in einem Teilchenbeschleuniger wird versehentlich ein schwarzes Loch oder ein noch unbekanntes Phänomen in der Raumzeit erzeugt, das die Erde samt Menschen verschluckt.

Nano-Katastrophe – von Menschen geschaffene, möglicherweise sogar intelligente Objekte der Nanotechnologie erweisen sich als überlebensfähiger als das biologische Inventar der Erde

Roboteraufstand – eine noch nicht existente Art von intelligenten Maschinen übernimmt die Herrschaft auf der Erde.

Schwarzes Loch – die Erde oder das ganze Sonnensystem geraten in die Nähe eines ausreichend starken schwarzen Lochs und werden von ihm verschlungen.

Supervulkan – der Ausbruch eines der bereits bekannten oder eines unbekannten Supervulkans führt entweder zu einer drastischen Klimaveränderung oder zerstört den Erdmantel, die Erde taumelt, verlässt ihre Bahn, stürzt in die Sonne.

Überbevölkerung – die Anzahl der Menschen auf der Erde nimmt so stark zu, dass barbarische Zustände eintreten und die Art Homo Sapiens zumindest ihre bisher erreichten, unterschiedlichen Kulturstufen wieder einbüßt.

Virenpandemie – eine neue Virenart wirkt absolut tödlich auf Menschen oder ein bereits bekanntes Virus mutiert zu einer Killerversion.

Das Weltende —
Begriffe für den Weltuntergang
Wie sie in allen Sprachen und Kulturen existieren

Apokalypse griechisch für: Enthüllung, Offenbarung

Armageddon – auch Harmageddon; der Ort der endzeitlichen
  Entscheidungsschlacht in der Offenbarung des Johannes

Der jüngste Tag – christlicher Begriff für das Weltende

Die letzten Tage – Vorstellung vom Ende der Welt bei den
  Zeugen Jehovas

dünyanın sonu – der Weltuntergang auf Türkisch

Ekpyrosis – Untergang durch Feuer, Weltenbrand

Eschatologie – die Lehre von der Vollendung des Einzelnen
  oder vom Beginn einer neuen Welt

Götterdämmerung – die deutsche Übersetzung von -> Ragnarök (s. weiter unten)

Gottesgericht – christlicher Begriff für das Weltende

Kataklysmus – Untergang durch Wasser, Sintflut

Pachakuti – eine Zeitenwende in der südamerikanischen
  Sprache Quechua

Ragnarök – die Sage vom Untergang der Götter in der nordischen Mythologie

Wärmetod – eine Vorstellung über ein mögliches Ende des
  Universums in der Physik

Weltgericht – christlicher Begriff für das Weltende

Zeitenwende – der Beginn einer neuen Ära

Moderne Allegorien

Hier finden Sie einige zugegeben gewagte Parallelen zu den bisher angesprochenen Domänen des Bösen:

Augiasstall	Massentierhaltung
Drache	Schaufelbagger
Hades	Altenheim
Hölle	Familie, Firma, Sekte
Inferno	Atomkraftwerk, Atombombe, Genexperiment
Labyrinth	Internet
Lindwurm	U-Bahn-Zug, ICE
Orakel	Experte, Prognostiker, Rating-Agentur, Kartenlegerin im Privatfernsehen
Zerberos	Kampfhund

Nachwort

I ch höre sie schon wieder, die Stimmen. Nein, ich bin nicht schizophren. Die Stimmen, die sagen: Das kommt ja alles wieder bloß aus dem Internet … igitt! Nein, das alles haben mir Dämonen in nächtlichen Drogenseancen diktiert, und ich habe es mit dem Blut unschuldiger Elfen aufgeschrieben. Und wenn es aus dem World Wide Web wäre – was haben Sie eigentlich dagegen? Sie pflanzen doch auch keinen Weizen für Ihre Brötchen in Ihrem Garten, obwohl Sie neben einer Bäckerei wohnen? Oder doch? Sie fällen nachmittags einen Baum, um abends mit dem selbst geschnitzten Streichholz eine Kerze anzuzünden, die Sie aus dem Wachs Ihres Bienenstockes gegossen haben? Welcher Teufel reitet Sie eigentlich?

Weitere satanische Listen

_____

_____

_____

_____

_____

_____

_____

_____

_____

_____

_____

_____

_____

Platz für teuflische Ideen

_____

_____

_____

_____

_____

_____

_____

_____

_____

_____

_____

_____

_____